タミヤ1/48
［F-14Aトムキャット
モデリングラボラトリー］

大日本絵画

タミヤ1/48 傑作機シリーズ No.114
1/48 グラマン F-14A トムキャット
定価（本体7800円＋税）

USSセオドア・ルーズベルト艦載機 "AJ212" 製作・文 久保恵之（模型工房A-Z）
第84戦闘飛行隊所属CAG機 製作・文 ヤタガラス
イラン空軍所属機 [3-6079] 製作・文 ちょうぎ

タミヤ1/48 F-14A トムキャット モデリングラボラトリー

CONTENTS

まず最初に組み立ての流れと手順を理解するために、組み立て説明図を確認しておくことが大切だ

本書はタミヤ1/48 傑作機シリーズ No.114 1/48 グラマン F-14A トムキャットを製作するためのガイドブックです。多くの組み立てキットの説明書は、塗装を前提とした構成になっており、中でも飛行機や自動車など、完成後に一定の範囲で内部が見える構造のアイテムは、組み立てたあとに色を塗ることが出来なくなる場合があります。こ

うした失敗のないように説明図では段階的に「組む」➡「塗る」あるいは「塗る」➡「組む」の指示が繰り返されますが、これをどうまとめるかがポイント。本書ではこうした工作のヒントとなるよう、工程を追って説明していきます。まずは下記チャート図をご覧いただき、作業内容を整理しておきましょう。

表内略号凡例
A：デカール貼付
C：切り取る
D：穴を開ける
F：凹モールドを埋める
P：塗装指示
T：削り取る

■このチャートはタミヤの組み立て説明図から構成したものです。塗装指示のある工程は略号と地色によって表示していますが、こうすると塗装指示の頻度の高いことがわかります。

❶ コクピットの組み立て
P
・使用部品
H7 H16 H30 H2 H3
K16 H29 H27 H28

❷ 計器板の組み立て
A P
・使用部品
《前席計器板》K11 K12 H17
《後席計器板》K18 H31 J2

❸ メーターパネルの取り付け
A P
・使用部品
K13 H32 H33 H34
《レーダーコントロールスティック》
H35 K17

❹ コクピット側面の取り付け
P
・使用部品
H25 H26 H11
H21 H22 H23 H24

❺ 前脚収納庫の組み立て
P
・使用部品
G35 G37 G34 G36 G55

❻ 前脚収納庫の取り付け
P
・使用部品
G38 G39 ❺ ❹

❼ コクピットの取り付け
P T
◎空中給油プローブ収納or展開
・使用部品
B1 B20⇔D32 B7 B11 B18

❽ コクピットフレームの取り付け
P
・使用部品
H6 D18 ❼

❾ 可変翼基部の組み立て1
P T
・使用部品
B4 A3 A4 E25×2 2-6丸ビス
×2 2mmワッシャー×2

❿ 可変翼基部の組み立て2
・使用部品
A9 2-6丸ビス×2 2-8丸ビス×1
2-4丸ビス×1 ❾

⓫ インテークランプの組み立て
P
・使用部品
《L》：D4 E10 E13
《R》：D9 E10 E13

⓬ 胴体下部の組み立て
P T D F C
・使用部品
C1 G56×2 B12 A5 A6
《⓫L》《⓫R》

⓭ 主脚収納庫の組み立て
P
・使用部品
G47 G49 G41 G43 G46
G48 G40 G42 B8 B9 PC

⓮ 胴体の組み立て
P T
・使用部品
B17 B19

⓯ インテークダクトの組み立て
P
・使用部品
《R》：D11 D13 K10
《L》：D10 D12 K10

⓰ エアインテークの組み立て
C P A
・使用部品
《R》：《⓯R》D16 D15
《L》：《⓯L》D3 D14

エアインテークの取り付け
T P A
・使用部品
《R》B3 K15 《L》B5 K14

⓲ 機首の取り付け
P D
・使用部品
❽ ⓱ D17

エンジンノズルの取り付け
T P
・使用部品
《L》：K5 K7 K3 K9
《R》：K4 K7 K3 K8
D25 D26

⓴ 主翼の組み立て
T A
・使用部品
《L》：A2 A8
《R》：A1 A7

主翼の取り付け
・使用部品
《L》《R》

㉒前脚の組み立て
P
・使用部品
G19 G20 G21 G16 G54、G17 G18 J4 E7×2

前脚の取り付け
P (**T**)
・使用部品
K1 K2 G53 G52

㉔前脚カバーの取り付け
P
・使用部品
《L》：G45 G51
《R》：G44 G50 E2

㉕右主脚の組み立て：R
P **A**
・使用部品
G5 G12 G14 G8 G10 G24 G4 E8 E9 G2 G23

右主脚の組み立て：L
P **A**
・使用部品
G6 G11 G13 G7 G9 G25 G3 E8 E9 G1 G22

㉗主脚の取り付け
・使用部品
㉕ ㉖

㉘主脚カバーの取り付け
P **A**
・使用部品
H20 H18 H19 G27 G29 G28 G26 G31 G33 G30 G32

㉙水平尾翼の組み立て
P **A**
・使用部品
〈E28 E29〉×2、㉘

㉚パレットの組み立て
A
・使用部品
《前部フェニックスパレット》
〈L〉：E26 D27
〈R〉：E26 D28
《後部フェニックスパレット》
〈E26 E14〉×2

㉛パイロンの組み立て
A
・使用部品
《L》：D5 D8 E20
《R》：D6 D7 E20
Ⅰ、Ⅲ：《L》E21 E22、《R》E21 E22
Ⅱ：《L》E19 D29、《R》E19 D30

㉜パイロンとパレットの取り付け
Ⅰ〈多目標対処時〉：㉚《L》《R》㉛《L》《R》 Rear×2
Ⅱ〈防護戦闘空中哨戒時〉：㉛《L》《R》
Ⅲ〈甲板発進迎撃時〉：㉚《L》《R》㉛《L》《R》

㉝ミサイルの製作
C **T** **P** **A**
・使用部品
《AIM-7E スパロー》：Z14 Z15×2 Z17×2 Z16×2
《AIM-9G/H サイドワインダー》：Z4 Z11 Z2×2 Z12
《AIM-5A フェニックス》：Z6 Z7 Z5×2 Z9×2 Z8×2

㉞増槽の取り付け
T **P** **A**
・使用部品
A：E5 E15 E15
B：E6 E15 E15 D19 D20

㉟ミサイルの取り付け
Ⅰ〈多目標対処時〉：AIM-7E スパロー×2 AIM-9G/H サイドワインダー×2 AIM-5A フェニックス×4
Ⅱ〈防護戦闘空中哨戒時〉：AIM-7E スパロー×4 AIM-9G/H サイドワインダー×4
Ⅲ〈甲板発進迎撃時〉：AIM-7E スパロー×3 AIM-9G/H サイドワインダー×2 AIM-5A フェニックス×2

㊱垂直尾翼の取り付け
P
・使用部品
《L》：D21 D23
《R》：D22 D24

㊲シート等の組み立て
C **T** **P** **A**
・使用部品
《射出座席の組み立て》
〈F3 F4 F5 F1 F2 F6 F7〉×2
《グレアシールドの組み立て》
J1 K6、H10 H36

㊳人形の製作
P **A**
・使用部品
《パイロットの組み立て》
E24 H14 H15 E23
《RIOの組み立て》
E24 H12 H13 E23

㊴人形の取り付け
P **A**
・使用部品
E27×2《射出座席》×2《パイロット》《RIO》、E1 E11《グレアシールド》

㊵機首左側部品の取り付け
C **P** **A**
・使用部品
B2 B6 B10 B25

㊶機首右側部品の取り付け
T **P**
・使用部品
E1 E11 D2 or D1 E12、D34 D33

㊷キャノピーの組み立て
P
・使用部品
J6 H4 H5 H8 H9

㊸キャノピーの取り付け
C **P**
・使用部品
J5 E2 E4×2

㊹キャノピーの取り付け（開状態）
C **P**
・使用部品
H1

㊺エアバッグ／シーリングパネルの取り付け
P
・使用部品
〈主翼前進状態〉：B14 B15 B24 B23
〈主翼後退状態〉：B13 B16 B21 B22

●デカールの貼付
●スミ入れ、ウェザリング

完成

組み立て説明図を理解したら
塗装と組み立ての行き来を最少化し
作業効率最適化を検討してみる

　部位ごとに塗装して組み立て、完成させたものを組み込みながら次の段階に進むというのが飛行機模型の基本的な製作手順。当然そこから大きく逸脱するような進行で製作方法を改編することはできないが、前見開きページで見たように、組み立て説明図の通りに作業を進めると、ほとんどの工程に塗装と組み立てが並行して存在することがわかります。そこで意識しておきたいのが、同種の作業をなるべく一度にまとめて進めるということ。たとえば、同一の色をなるべく一度にまとめて塗装することが出来るように段取りしてお

けば、塗装という作業そのものよりも、これにともなう準備や後片付けの煩雑さも最小限となり、その結果として作業効率が格段に向上することは間違いありません。順を追っての説明図中の塗装指示は、あくまでもエラーを避けるための覚え書きであると認識しておき、工程を単純化再構成しましょう。それにしても、可変翼機であることを最大限に活かして、塗装後に最終アッセンブルできるように考慮したタミヤ・キットの設計の見事さには、改めて感心します。

キットは3機体から選択して製作できるようにデカールが用意されている。まずどの機体を作るかを決めて、作業の方針を確定しよう

第84戦闘飛行隊CAG機

■必要な塗装色を準備する。また、搭載武装の選定をあらかじめ行ない、ミサイルや増槽の要不要をチェックしておく

第2戦闘飛行隊所属機

イラン空軍所属機

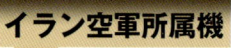

■塗装に影響を残さずに、まとめて組み立てが行なえる工程を、説明図から読み解く

コクピットの組み立て

■同一色で塗装が可能なパーツをまとめ、組み立てが可能な部分はすべて組み上げておく。説明図では後半に組み立て指示のあるシートやフィギュアなどもここで作るといい

コクピットの塗装

■塗装を行なう。塗らなければ組めないパーツへのコクピット色塗布、それに加えて細部の塗り分けや必要ならばスミ入れなども行ない、計器板へのデカール貼付も済ませる

コクピットの最終アッセンブル

■塗装を行ったパーツを組み上げて、バスタブ状の形に組み立てる。ここまでの工程は説明図のプロセスを若干入れ替えるのみ。もっとも時間を要するが楽しい工程でもある

コクピット・ユニット完成

■シートやフィギュアの塗装や、コクピットフレームやグレアシールドなどコクピット関連パーツの塗装、デカール貼付などをこの段階で済ませておいてもいいだろう

機首の組み立て

■完成しているコクピット・ユニットを組み込む形になるので、前脚収納部も含めて、塗り忘れやパーツの付け忘れがないか、確認する。追加工作は形状的に難しいので注意

インテークダクトの組み立て

■胴体内側へ組み込める状態にまで組むが、コンプレッサーファンのパーツはここではまだ接着しないでおく。ファンは別個に塗装を済ませておくといい

エアインテークの組み立て

■インテークダクト内側の塗装は、あらかじめ行なっておいてもよいが、コンプレッサーファンを付けなければ、まとめての塗装が可能となる

インテーク・ユニットと胴体上下内側等の塗装

■インテーク周辺、内側などの塗装はこの時点で済ませる。主脚内壁パーツも仮組みして一緒に塗装しておく。なお接着面にあたる部分には塗料がかからないよう注意する

胴体上面・下面の組み立て

■胴体下面は、選択した機体に応じて穴開けの指示があるので、忘れないように開口しておく。不要なモールドのトリミング、埋めるなどは上下接合前に行なうほうがいい

主翼／尾翼類、エンジンノズルの組み立て

■各翼は貼り合わせ式だが後付けが可能になっているので、もっとはやい時点で組み立て加工を行なっておいてもよい。エンジンノズルは組み立て前に内側の塗装を済ませる

ミサイル／パイロン／各脚と脚庫ドア類の組み立て

■ミサイルの組み立ては同じものを複数組み立てることになるので、気合いののったときにボツボツと進めておくといい。脚とタイヤは塗装の関係で別個に組んでおくこと

キャノピーの組み立て

■透明部品を扱うことになるので、他の作業とは切り離して行なったほうが注意力が散漫にならなくてよいだろう。特にパーティング処理をする場合、それのみに集中しよう

胴体の組み立て

■胴体の上下を接合し、ここに問題なく機首が収まるかを確認しよう。パーツの精度が高いため嵌め合わせはタイトで、接着面に塗料が付いていると影響が出る可能性がある

エアバッグ／シーリングパネルの嵌合確認

■機体に主翼が問題なくはまるかどうかを確認したうえで、エアバッグとシーリングパネルの開用、閉用が問題なく収まるかどうか、この段階で確かめておこう

全体の塗装

■機体表面、接着線の消し忘れなどを再度確かめてから、表面のホコリや削りカスなどがないようにきれいにしておく。マスキングののち、ユニットごとに機体塗装を行なう

デカールの貼付

■塗装が終わったら、デカールを貼る。コーションなど非常に多いので時間を充分にとってゆっくりと作業をしよう。貼付したらデカールが充分に乾燥するまで寝かせておく

ウェザリングとリタッチ、細部の塗装

■好みに応じて、実機写真などがあればそれを参考にスミ入れ、汚れなどを表現する。また、作業中に生じた汚れやマスキングからの吹き漏れはウェザリング前に修正する

最終アッセンブルを行なう

完成

製作に必要な工具や
あると便利な材料・用具を紹介。
まず製作準備を抜かりなく、ね

切断・切削工具

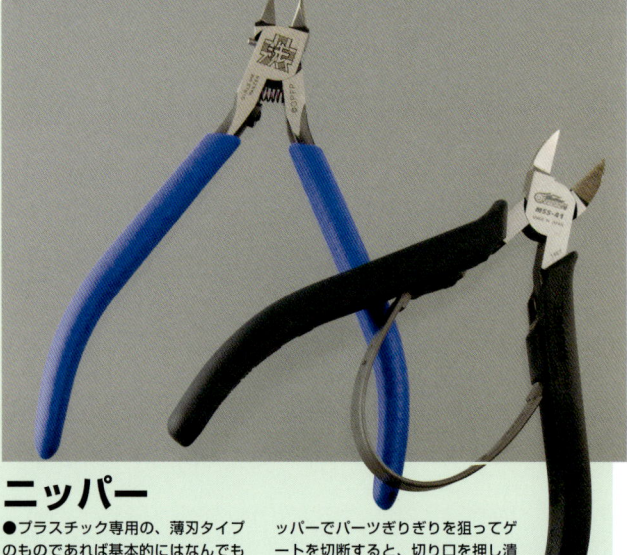

アートナイフ

●ゲート跡の処理や削り取る指示のある加工、ちょっとしたパーティングラインの切削加工、あるいはマスキングテープの切り出しなど多用途に使用できるナイフ。通常のカッターナイフでもかまいませんが、もともと細密な切り出し作業に対応するよう刃とグリップの角度が工夫されているものですから、刃のぶれがなく、刃先への力が伝わりやすくなっています。写真はタミヤ

の「モデラーズナイフ」です。グリップに転がり防止用タブがついており、不慮の落下を軽減できます。もちろん他社の製品でもかまいませんが、いずれも刃の切れ味が少しでも鈍ってきたと思ったら即交換、刃は消耗品です。切れ味が落ちると余計な力を入れてしまい勢い余って削りすぎることもあり、ときには怪我につながることもあるからです

ニッパー

●プラスチック専用の、薄刃タイプのものであれば基本的にはなんでもOK。本書作例ではゴッドハンドの「アルティメットニッパー」（左）を使用しました。これはもっぱらゲートのパーツ際切断専用とし、ランナーごと切り取る必要がある場合には写真右の匠「極薄刃ニッパー」を使うといいでしょう。切れ味が悪いニ

ッパーでパーツぎりぎりを狙ってゲートを切断すると、切り口を押し潰したり引きちぎるような状態になり、後々パテ埋めなどの余計な手間が増えることもあります。切れ味のよいニッパーであれば切断面がフラットになり、後処理が非常に楽です

切削・研磨工具

紙ヤスリ、布ヤスリ、スポンジ布ヤスリなど

●最近の組み立てキットの場合、金ヤスリを使用するようなシチュエーションはほとんどなくなりました。金ヤスリは切られた目に方向があるため用い方を誤ると加工面に深い傷を残すことがあり、使用にはそれ相応の経験が必要です。とくにスチロール樹脂は軟らかいため、傷付きやすかったのです。紙ヤスリのような研磨材を接着したヤスリは、加工方向に制限がないので、均質な切削・研磨加工が可能です。模型製作には最適なもので、最近はさまざまな柔軟度の「あて板」にあらかじめ貼付された形態の商品が模型用として多数販売されていますので、何を選ぶかに迷うほどです。本書で使用

したのは基本的にウェーブの「ヤスリスティック」のHARDタイプです。番手は400、600、800番の3種類もあればOKでしょう。細形、先細型はお好みで選べます。また仕上げ磨きやクリアーパーツの処理などに「ヤスリスティック・フィニッシュ」もあるとなおいいでしょう。また必須ではないですが、適度なやわらかさで面に馴染むので、曲面へのヤスリがけに便利なゴッドハンドの「神ヤス」各種や、耐水性が高く水研ぎに適したスジボリ堂の「マジックヤスリ」600、800番や、フィニッシャーズの「アブレシート」などもあると作業効率はアップすることでしょう

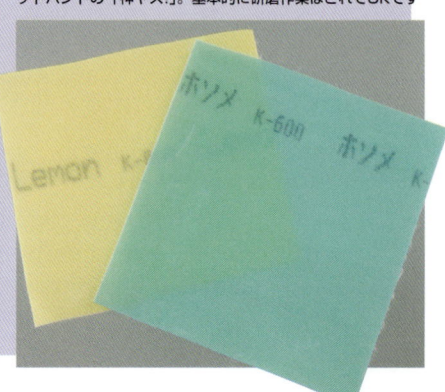

▲専用のホルダーにマジックテープでヤスリを固定するスジボリ堂「マジックヤスリ」。▼フィニッシャーズの「アブレシート」は柔軟な素材による布ヤスリ。これらは、目詰まりしても水洗いが可能、つまり水研ぎにも対応します。写真左端はウェーブの「ヤスリスティックHARDタイプ」、写真左はゴッドハンドの「神ヤス！」。基本的に研磨作業はこれでOKです

接着剤

スチロール樹脂用接着剤など

●F-14のキットはスチロール樹脂のインジェクションプラスチックパーツなので、基本的に下のスチロール樹脂用接着剤2種あれば対応可能です。基本は左下の速乾タイプ、無樹脂溶剤型のいわゆるサラサラタイプを流し込んで使います。パーツの接合面精度が高いので、有効です。強度が必要な部分には樹脂分を含有したトロトロタイプ

のものを使いますが、最近のものは溶剤の揮発が速いので手早い作業が必要でしょう。またクリアーパーツの接着などには、右のハイグレード模型用セメダインを使えば接着面が白く曇らないのでオススメ。この接着剤はウレタン樹脂エマルジョン系接着剤で、スチロール樹脂を侵すことはありません

瞬間接着剤、硬化促進剤

●瞬間接着剤はもちろん本来は接着に使用するものですが、ここでは接着というよりも、合わせ目に生じた不必要な隙間や、凹モールドを埋める場合のプラ用パテがわりに使用すると便利です。瞬間接着剤は種類が多く用途や容量が多岐にわたりますが、模型用としては粘性が低めで硬化の速いウェーブの「×3S ハイスピード」が手軽です。また「瞬着硬化スプレー」と併用することでほぼ待ち時間なしで切削作業が可能となります

保持工具

ピンセット

●こまかいパーツの保持や、デカールの貼りつけなどに地味に活躍するピンセット。先端が合っていてパーツをしっかり保持できるものが理想的ですが、ストレートタイプ、ツル首タイプ等の先端形状や、スプリング感が強いもの、弱いものなど多種多様で、また保持に必要な力加減は人それぞれなので、模型用として販売されているもののなかから自分の使いやすいタイプを見つけてください

研磨仕上げ材

コンパウンド

●キャノピーのパーティングラインを消すなら必須といえるのがコンパウンド。ペースト状や液体など仕様が何種類かあり、また紙ヤスリのように研磨粒子のサイズによって番手があります。本書作例では仕上げ用の超細目コンパウンドであるハセガワの「セラミックコンパウンド」1種類のみを使

用しています。柔らかい布などにつけてパーツを磨きますが、ティッシュペーパーなどの紙類は意外に傷を付けやすいので注意。最近は磨き専用の布なども発売されており、よりキレイな仕上がりを目指すなら下写真のような専用品を用意しましょう

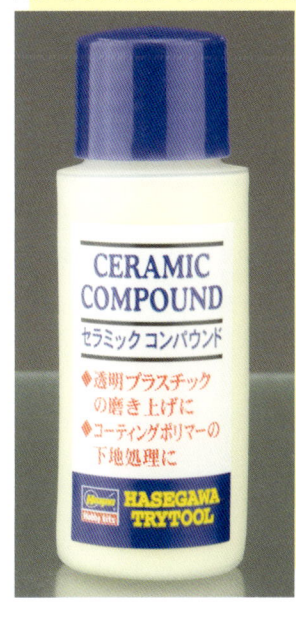

穴開け用工具

精密ドリル刃とピンバイス

●F-14のキットでは、搭載武装の組み合わせにもよりますが、直径1㎜、1.2㎜、1.5㎜の3種類の穴あけ指示があります。アタリ穴はありますが、千枚通しのようなもので突くのではなく、切削穴開けが可能なドリル刃とピンバイスの用意を忘れないようにしましょう

ドライバー

●可変翼のスムーズな可動を実現するために、フレームは接着とネジ止めが併用されます。タミヤ製キットではミニドライバーが同梱されることも多いですが、F-14Aのキットには付属していないので、こちらもあらかじめ用意するのを忘れないように

塗装、デカール貼付に必要な材料や あると便利な工具・用具を紹介。 ここでも準備を抜かりなく、ね

塗装用具

エアブラシ用ハンドピース

●本書の作例では、塗装にはおもにエアブラシ・システムを利用、ごく一部に筆塗りを併用しています。エアブラシはご承知のようにエアコンプレッサーとハンドピースによる塗装システムです。一般的には上付きのボタンを押し込んでから手前に引くと塗料が噴霧されるダブルアクション式が、空気と塗料の流量を指先の感覚で微妙に調整でき、繊細な吹きつけが可能となります。ただ、今回製作したF-14Aの場合は、それほどこまかな塗装作業を必要としないこと、そして大面積を塗装するときに指が疲れにくいという理由から、トリガー式であるエアテックスのBeauti4+トリガー（口径0.3mm）を使用しています。このハンドピースは、各部の掃除が非常にやりやすいというメリットがあります

筆

●筆を使用するのは細部の塗り分けですから、極細面相など細い穂先のものを用意します。穂先の毛はナイロンのものが良いでしょう。あまり安価なものは毛が抜けたり穂先が割れたりするので注意

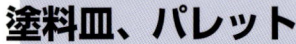

塗装補助具

塗装用持ち手

●塗装時にはエアブラシがメインとなるので、小部品などの保持のため、市販の「持ち手」を利用します。模型用工材を発売するメーカーから多種多様のものが販売されていますが、ここでは基本的にGSIクレオスの「Mr.ネコの手棒 両端クリップタイプ」を用いました。棒の両端にクリップのあるものは汎用性が高く、専用のスタンドやベースボードなどが無くても、軽い部品なら乾燥時に箱の縁などに立てておけます。完成後に見えなくなるような挟める部分のあるものはクリップでくわえます。また割り箸も持ち手として便利に使えます。つまめる部分はないが平たい面のある部品などは割り箸に両面テープを貼ったものに貼りつけます。ただ、この場合、しっかり固定しておかないと、塗装中にエアブラシの風圧で部品が飛ぶこともあるので注意しましょう。またこれらは筆塗りする場合にも有効なので利用してください

塗料皿、パレット

●ウェザリング用塗料などを混色、あるいは少量の塗料を濃度調整しながら使う、マーカータイプの塗料を出して筆塗りしたい時など、その用途は多彩。金属製なので微妙な色調の混色には不向きだが、破損がないため便利な伝統の一品。また油彩やアクリル絵具などを調合混色しながら使うには、紙色が白く調色した塗料の色足が見やすい使い捨てのペーパーパレットが便利です

綿棒

●ウェザリング塗料の延ばし、拭き取りやデカール貼付時の密着、水分や軟化剤の吸収に不可欠です。消耗品ですから安売り店のものを、と思うのが心情ですが、多少高くても綿部分のほつれがないよう加工された模型用商品を使用したほうが、先端形状も豊富で使いやすくよいでしょう

マスキング用材料

マスキングテープ、マスキングゾル

●粘着力や入手のしやすさを考えると、タミヤ製のものが文句なしにオススメ。6㎜、10㎜、18㎜の3種類を用意しておけばとりあえず困ることはほぼないでしょう。ケースつきのものを用意すれば、小口面にホコリが付着することを避けることができます。また細密なマスキングには、自分でテープを細切りするよりも、カット中にホコリが付着したり、粘着力の低下を回避するため、細切りされたものを利用したほうがいいでしょう。マスキングテープの重なり部分からは塗料が吹き込むこともあるので、こうした部分はマスキングゾルで隙間をふさいでおくことが必要です

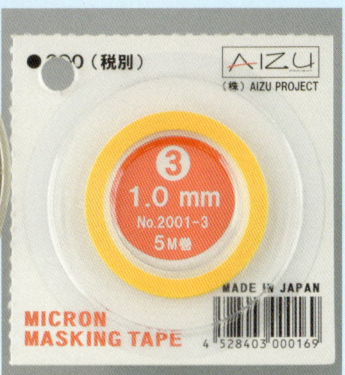
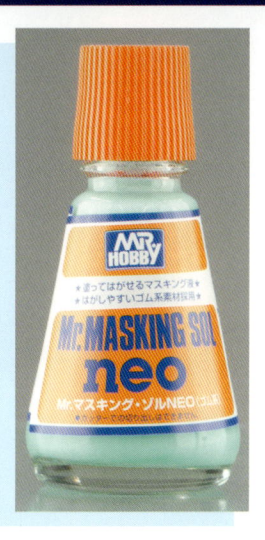

デカール貼付剤

マークセッター、デカール軟化剤

●デカールを凹凸のあるモールドを含め模型の表面にしっかりとなじませ、また塗膜表面とデカールの間に残った微細な空気層によって生じる「シルバリング」を防止するために、デカール軟化剤（ソフター）と、ノリ（弱い軟化剤が含まれる、いわゆるセッター）の2種は用意しておいたほうがいいでしょう。作例で使用したのはグッドスマイルレーシングの「デカール剛力軟化剤」、GSIクレオスの「Mr.マークセッター」を使用しています

補助材料

掃除筆

●必ずしも必要ではないけれど、あれば便利なアイテムが掃除用の平筆、あるいは刷毛の類いです。写真のものは本来は掃除用ではないけれど毛が細く、塗装前のホコリ取りなどに有用です

仮止め用接着剤

●必需ではないけれどたとえば、キャノピーを開閉いずれの状態でも置いておけるようにしたいなどという時には、貼り剥がしができるのでたいへん重宝します

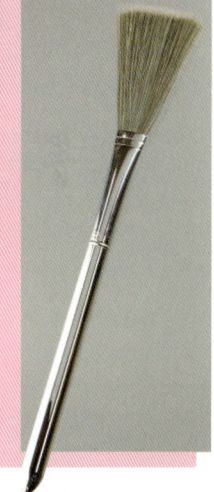

補助的塗料

ウェザリング用、細部塗装用、下地用塗料

●メインに使用する塗料をラッカー系（より正確に言えば溶剤型のアクリル樹脂塗料）であると想定した場合、この基本塗装をおかさない溶剤を使用した塗料が、ウェザリングやスミ入れなどに適した塗料といえます。現在では塗料の種類が豊富になり、さまざまな選択肢がありますが、総体として注意したいことは、たとえば同じラッカー系と呼ばれるものであってもメーカーが異なると塗料の組成が違う場合があり、混色などを行うときには、同一メーカーのもののみを用いるということでしょう。ラッカー系で基本塗装をした場合には、細部（特に筆塗りする場合）は水性塗料、ウェザリングなど塗ってから拭き取るような操作には油性塗料（いわゆるエナメル塗料と呼んでいるもの）を用いるというのが、大基本です。これは使用されている溶剤がどの塗料に対して作用するかという前提がありますので、イレギュラーな使用をした場合はこの限りではありません

▲細部の筆塗りでは延びがよく塗膜の強いファレホカラーの使用もオススメです

▲GSIクレオスの「ガンダムマーカー ガンダムレッド」は作例で開閉可動部の注意喚起塗装に利用。マーカー類はちょっとした塗装に手軽で便利です ▼「Mr.ウェザリングカラー」は使いやすい色あいとコントロールのしやすさですっかり定番となったウェザリング専用マテリアル。作例はおもに手前の3本を使用

補助素材

フィニッシュシート

●前部風防のブルーがかった防弾ガラス部分や、着陸脚の伸縮部にはハセガワから発売されている「フィニッシュシート」を利用しましょう。貼るだけでキレイに仕上がりますし接着力も高く曲面への追従性も充分。風防には透明度もバツグンの「クリアーブルーフィニッシュ」、脚ピストン部には美しい鏡面の「ミラーフィニッシュ」を使用

模型用サーフェイサー

●模型の世界では、サーフェイサーは塗料ではなく「液状パテ」と捉える傾向がありますが、塗装業界的にはプライマー、パテを含めてラッカー塗料の一種としており別名「整面塗料」とも言います。均一な色なのはキズなどのチェックをしやすくするためで、細かなキズなら埋めるなどのメリットがあります。しかし繊細なモールドが埋まってしまうこともあるため、細密な彫刻がある最近のキットでは、使用する必要性があるかどうか判断が必要となるでしょう。本書作例ではパーツの合わせ目にヒケ防止のため瞬間接着剤を盛り、粗めのヤスリで削って合わせ目を消したため、キズをチェックするために必要最小限サーフェイサーを吹きました。使用したのはガイアノーツ「サーフェイサー エヴォ」です。モールドがサーフェイサーで埋まるということはありませんでした

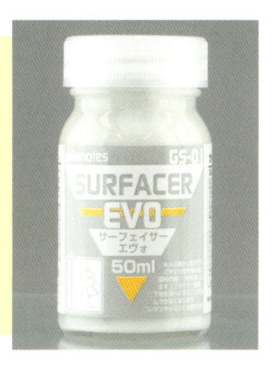

塗装や工作に必携の最強資料を紹介

塗装はどうしましょ？ どんなマーキングがかっこいい？ 汚れるってどんな感じ？ ディテールって言われても……。
そんな時には他の人が作った作例に目を向けて参考にするもよし、原点回帰で実機に目を戻しましょ。
とっておきのトムキャット本をご紹介

■グラマン F-14 A/B/D トムキャット

DACOシリーズ スーパーディテールフォトブック
ダニー・コレマンズ／著 後藤 仁／訳
AB判ソフトカバー オールカラー 176ページ
定価（本体3700円＋税）大日本絵画／刊
●DACO Publicationsのディテール写真集シリーズ日本語版。コクピット・コンソールのボタンひとつひとつ、降着装置や可変翼の細部、給油プローブや搭乗用ラダーなど機体各部の細かい可動箇所まで、機体の隅々まで収めたトムキャットファン必携の一冊。ディテールアップの資料として必携

■ F-14トムキャット写真集 BYE-BYE, BABY...!

スケールアヴィエーション編集部／編
A4判ソフトカバー 200ページ
定価（本体3900円＋税）大日本絵画／刊
●本書は2006年のF-14 トムキャット退役に伴い刊行された"伝説的"写真集の日本版。最大の見所は航空カメラマン撮影の美麗な数々の写真。F-14トムキャットの活きている姿を余すところなく伝える一冊

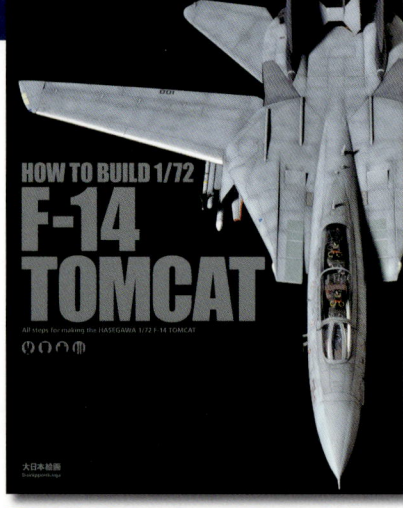

■ HOW TO BUILD 1/72 F-14 TOMCAT

スケールアヴィエーション編集部、清水祐介／編
横浜潤馬／模型製作
AB判ソフトカバー 96ページ
定価（本体3200円＋税）大日本絵画／刊
●数あるF-14のキットの中でもプロポーション、ディテール共に最高レベルと定評のあるハセガワ1/72 F-14 トムキャット。それゆえに組み立ても難易度はやや高い印象も否めない。本書はキットの製作方法を詳細に解説したHow to集で、完成に至るまでの製作工程を網羅、完全収録した詳細な手引き書

■イラン空軍のF-14トムキャット飛行隊

オスプレイエアコンバットシリーズ スペシャルエディション2
トム・クーパー＆ファルザード・ビショップ／共著 平田光夫／訳
A4判並製 96ページ
定価（本体3200円＋税）大日本絵画／刊
●イラン帝国空軍とその後身であるイラン・イスラーム共和国空軍が運用するF-14を取り上げた貴重な資料。これまで定説となっていたイランのF14にまつわる伝説や憶測を覆す内容は本邦初。イラン・イラク戦争においてどのような活躍を見せたのかなど90枚以上の写真とカラー塗装図20点以上を掲載して紹介

■アメリカ海軍F-14トムキャット飛行隊〔不朽の自由作戦編〕

オスプレイエアコンバットシリーズスペシャルエディション4
トニー・ホームズ／著 平田光夫／訳
A4判ソフトカバー 96ページ
定価（本体3500円＋税）大日本絵画／刊
●本書は2001年9月からアフガン上空哨戒を終えた2003年11月までの「不朽の自由」作戦における最前線アフガニスタンで、海軍航空隊員自身が撮影した貴重な前線写真多数と描き下ろしカラーイラスト36点を掲載した貴重な戦闘記録

■ F-14トムキャット オペレーション イラキフリーダム〔イラクの自由作戦のアメリカ海軍F-14トムキャット飛行隊〕

オスプレイエアコンバットシリーズ スペシャルエディション
トニー・ホームズ／著 平田光夫／訳
A4判並製 オールカラー 96ページ
定価（本体3200円＋税）大日本絵画／刊
●イラクの自由作戦でF-14が果たした幅広い役割を、アメリカ海軍パイロットたちの証言から立体的に読み解く。F-14部隊の最後の活躍をまとめあげた、体系的資料の決定版！

VF-84 "JOLLY ROGERS"

F-14A トムキャットといえば海軍機らしい派手なマーキングですが、とりわけドクロと交差した骨の海賊旗をモチーフにした部隊章を尾翼に描く通称 "ジョリー・ロジャース" が印象深いでしょう。タミヤのキットにもデカールが用意されている空母ニミッツ搭載時の第84戦闘飛行隊所属CAG機を例に、タミヤ1/48F-14Aキットの作り方ポイントを見ていきましょう。

アメリカ海軍 F-14Aの代名詞 "ジョリー・ロジャース" で製作ポイントを解説

グラマン F-14A トムキャット
第84戦闘飛行隊 "ジョリー・ロジャース"
所属CAG機、1979年（空母ニミッツ）

タミヤ1/48 傑作機シリーズ No.114
1/48 グラマン F-14A トムキャット
定価（本体7800円+税）

製作・文／ヤタガラス
GRUMMAN F-14A TOMCAT
VF-84 "Jolly Rogers" CAG Bird,
1979 (USS Nimitz)
Modeled and described by YATAGARASU

大型ジェット戦闘機のキットといえば組み立てるのが手ごわいイメージがありますが、このキットはていねいに組み立てていけば意外なほどすんなりと形になり、エアモデラー以外の人でも充分楽しんで組み上げることができるでしょうし、普段から航空機キットを組み慣れた方ならば、パーツ構成の妙に感心できるかと思います。

組み立てに関して言えば、各パーツの精度が非常に高く、パーツ同士がピタリと組み合い一体化するさまは感動モノです。作業は組み立て説明書に従えば問題ありませんが、あらかじめ主翼や尾翼、武装などの合わせ目を消す必要のあるパーツの接着から始めるのがオススメです。

各武装は一部がバリエーション展開を考慮した構成のために分割が増えている所もあり、デカールもかなり多めです。そのため最初にどの武装を装備させるか決め、武装パーツの塗装、仕上げまで行なうと後の作業が楽に感じます。

フィッティングの調整に手間のかかることが多い風防も合いが非常によいので塗装後に接着することも可能です。

塗装も胴体、主翼、各尾翼、装備品、脚周りと別個に行ったあとに組み上げることができる設計なので、作業性がよく助かります。デカールは透けずにしっかりと貼りやすいものですが、糊が若干弱めに感じたので、マークセッターの使用を推奨します。マークソフターは使うのであれば少な目にしたほうがデカールが歪むリスクを避けられます。

このキットはスジ彫りの彫り直しやパーツ接合部の面出しなど、航空機キットを製作する上で手間のかかる部分に対し充分に配慮された優良キットです。可変翼機ということもあってF-14の模型は組み立てるのが難しいと思っている方も、この機会にこのキットを手に取ってみればいろいろと楽しめると思います。

右ページ写真
●この機体ではウォークウェイのノンスキッド塗装が左側にしかないのが特徴。マスキングしてサーフェイサーを吹くなどの再現方法もあるが、作例では付属のデカールを使用した
●主翼基部のエアバッグは、実機では擦れたり埃や油で変色し汚れている。これを塗装で再現するためいろいろと試した（詳細は製作ページで）

ともすれば複雑な組み立て工程に音を上げてしまうことも少なくないジェット戦闘機、ましてや可変翼機ともなればなおさらのこと。タミヤ1/48 F-14は、永きにわたり「高い再現性」と「組み立て易さ」の両立を追求してきたメーカーのいま現在の解答といえる内容だ。レドームを機首と一体成型にするなど、ある種割り切った設計をすることで工程の単純化を図り、ディテールを損なわず組み立て易いように配慮がなされ、一方で強度・剛性を確保するパーツ分割は見事。サクサク組み上がるF-14Aならば、やはり本命はこれ、ハイビジの"ジョリー・ロジャース"だ！

●機首先端のアルファ・プローブは破損防止のためファインモールドの真鍮挽物製アフターパーツに変更。無改造で取りつけ可能だ。キットのパーツもシャープな成型品だが、それゆえに破損がコワイからだ

F-14A Tomcat
VF-84 "Jolly Rogers"
CAG Bird, 1979 (USS Nimitz)

F-14A TOMCAT
VF-84 "Jolly Rogers"
CAG Bird, 1979 (USS Nimitz)
Modeled and described by YATAGARASU

●翼端灯は通常はシルバ
ーを塗った上からクリア
ー系塗料を塗っているが、
今回は下地色が明るいた
めクリアー系塗料のみで
仕上げている

●基本的に消耗品である武装類はすべてキレイなグロス塗装で仕上げ、増槽には機体下面と同様にウェザリングを行なった

●キャノピーの防弾ガラス部（青みのあるところ）は塗装ではなくフィニッシュシートを貼っている

●キャノピーはパーツ精度が高いので小改造し完成後も開閉どちらでも選べるようにした

●キットには開状態と絞った状態のノズルが付属。作例はトンボ鉛筆製の「ピットマルチ2」を使って止め、交換可能とした

●垂直尾翼はデカールを貼って上からクリアーを吹きコートしたあとにグレーでスミ入れした。GSIクレオスのMr.ウェザリングカラー マルチグレーを使用。面相筆を使い余計な部位に付着しないよう慎重に凹モールドに色を流し込んだ

F-14A Tomcat
VF-84 "Jolly Rogers"
CAG Bird, 1979 (USS Nimitz)

グラマン F-14A トムキャット
第84戦闘飛行隊 "ジョリー・ロジャース"
所属CAG機、1979年（空母ニミッツ）

タミヤ1/48 傑作機シリーズ No.114
1/48 グラマン F-14A トムキャット
定価（本体7800円＋税）

製作・文／ヤタガラス

GRUMMAN F-14A TOMCAT
VF-84 "Jolly Rogers" CAG Bird,
1979 (USS Nimitz)
Modeled and described by YATAGARASU

トム・キャットの華 "ジョリー・ロジャース" を例にとって タミヤ 1/48 F-14の 作り方を見る

製作・文／ヤタガラス　Modeled and described by YATAGARASU

と、その前に……ミニ・ポイント

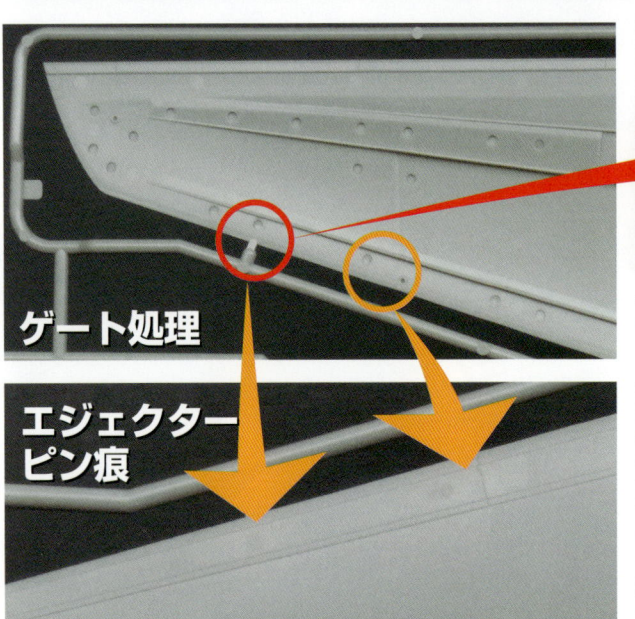

ゲート処理

エジェクターピン痕

●最近の組み立てキットでは、モールド処理の施された表側（キャビティ面）のゲートを少なくするため、あえてコア側、つまり模型のパーツで見ると接着面にゲートが来るように設計されているものがある。モールド面の彫刻を損ねない、エッジの薄い部分はゲートを切りやすくするという目的で使用される。組み立てキットの世界では「アンダーゲート」という呼び方が普及しているが、これはバンダイ特有の命名らしく、射出成型の用語ではもともと「ジャンプゲート」、英語圏では「オーバーラップゲート」という。このゲートは説明図にもトリミング指示があるが、ていねいに削り取るように注意しよう

●翼などの薄いパーツ表面（キャビティ面）に繊細な彫刻のモールドが多く、相対的に面積が広いような場合、ランナーを含むパーツ全体を変形させず脱型するために、多数のエジェクターピンでパーツを保持しつつ型から外す方式が一般的になっている。補助翼基部の深いモールドやヒンジの凸モールド、全面に施されたスジ彫り等が混在するとパーツがキャビティ側に残ろうとする力のかかり具合が異なるため、これを調整する役割も担う。またコア側に変形防止や補強のためのビードがモールドされていると、成型品がよりコア側に止まりやすくなるためエジェクターピンも必然的に多くなる。近年のキット、特にタミヤのものはモールドが繊細で美しく、あえて表側をペーパーがけで仕上げる必要はなく気に留めるまでもないが、場所によってはピン痕が表側から透けて見える場合がある。接着時にサラサラタイプの溶剤型接着剤を流し込み過ぎたり、通常の貼り合わせ式のスチロール用接着剤でも、塗布の際にピン痕に溜まるような塗り方をすると、モールド面（表側）に影響が出る場合があるので接着剤塗布にも配慮が必要だ。心配な場合は穴をコーティングするようなつもりでごく少量の瞬間接着剤をたらしておくといいだろう

要注意！ランナー切り離しと穴の開け忘れ

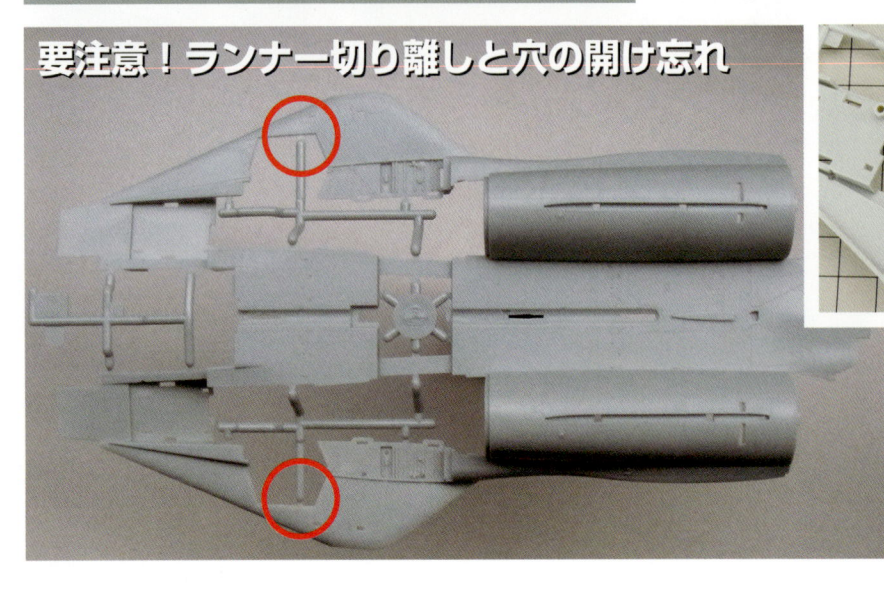

●上写真のように隠し穴があり、製作する仕様によって開口する。組み立ててからでは位置決めが面倒になるので、パーツ時点で忘れずに必要な箇所の穴開けをする。穴開けには精密ドリル（いわゆるピンバイス）を用いること。また赤丸部（左写真）のゲートはパーツ側の肉厚が他より薄く、切り離し後も脚庫のリップとして見えるため、ゲート切断後の処理はていねいに行なうこと

コクピットと周辺の組み立てを始める

●コクピットの基本となるバスタブパーツと前脚庫は、開放式だが強固な箱構造を形成する。機首左右を取り付けたのち、機首の剛性を維持する骨格構造として機能し、また前脚庫天井は後方に支持板として延び、機首下面パネルの接合にも関与する。おのずと部品数の増えるコクピットは、再現性の必要も手伝い、あえて分割数を増やしているようだ。これを集合させることで、ジェット戦闘機模型によく起こる尻もちを防止するカウンターウェイトとしての機能も付加している。
したがってコクピット、前脚庫の組み立て時にはゲートの処理をていねいに行ない、正確に組むことだけ注意したい

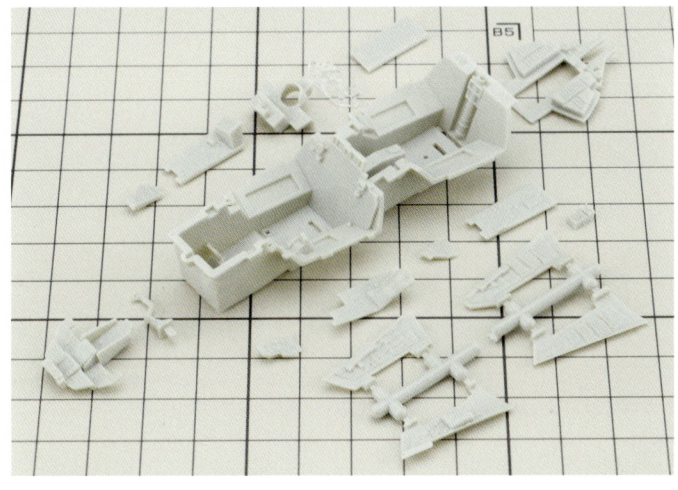

◀コクピット関連のパネル類は精密なモールドで再現される。これらは塗装を行なってから接着し組み立てることを前提に作業することになるが、写真のような構成でパーツを切り出し、ゲート処理を行なう

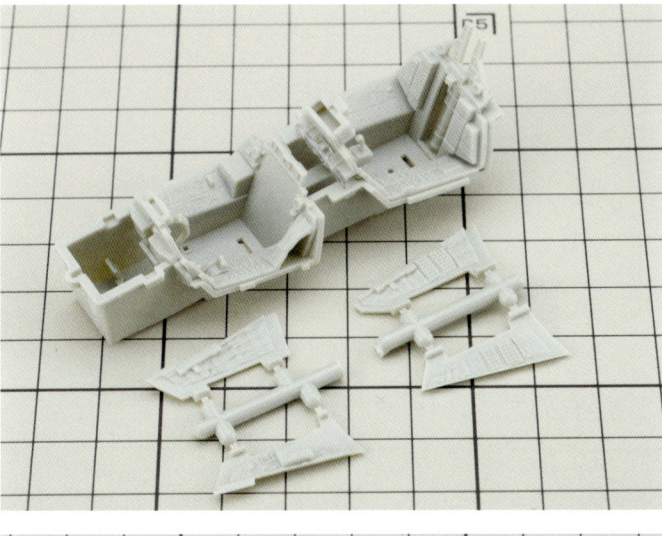

◀いちおう仮組みをしておく。基本的にパーツ精度がひじょうに高いので組み立てに支障のあるバリなどは存在しないが、各パネルの小口にあるゲート跡の処理次第で相互の組み合わせに微妙な影響が生じることもあるので仮組みで確認は行なっておこう。パーツ紛失に注意！

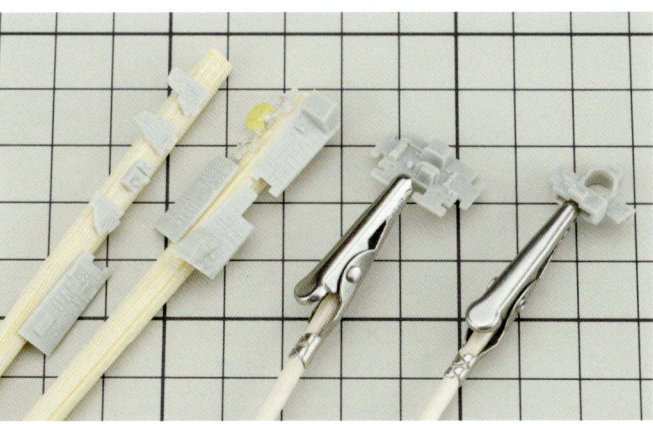

◀各パーツは塗装準備をしておく。板状のものは割り箸に両面テープを貼って、ここにパーツを貼り付ける。パーツは小口にも塗料を置くことになるので、塗りやすい配置に貼り付けておこう。なお後席レーダーディスプレーはクリアーパーツなので塗料を付けたくない部分はマスキングしておく。また、クリップでくわえることができるものは写真のように固定する。使用しているのはGSIクレオスの「Mr.ネコの手棒 両端クリップタイプ」

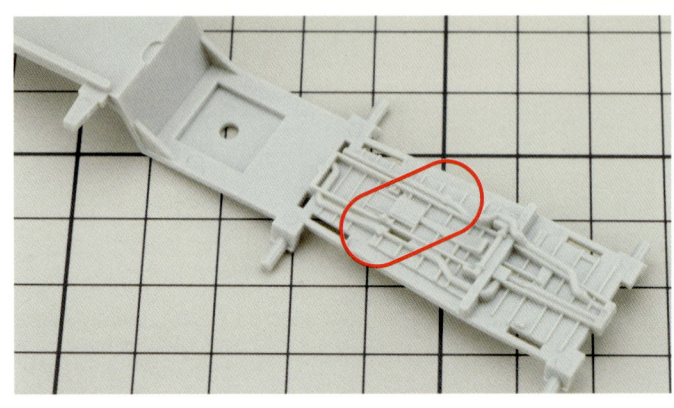

◀たいていの場合はモールドのあるキャビティー側にピンを立てないように設計されるが、コア側が平らで成型品を保持しにくく、キャビティ側に複雑なモールドが彫刻されているようなケースでは、キャビティ面にやむを得ずエジェクターピンを置く場合がある。写真のパーツがまさにその例である。見た目にほとんど影響の出ない位置を選ぶが、モールドの凹凸が物理的な制約を生むので、このパーツでは赤で囲んだところにピン痕がある。組んでしまえばほとんど分からないようなものだが、模型を作る者としては生理的に気になる人もいることだろう。そういう場合には、周囲のモールドに合わせて整形しておこう

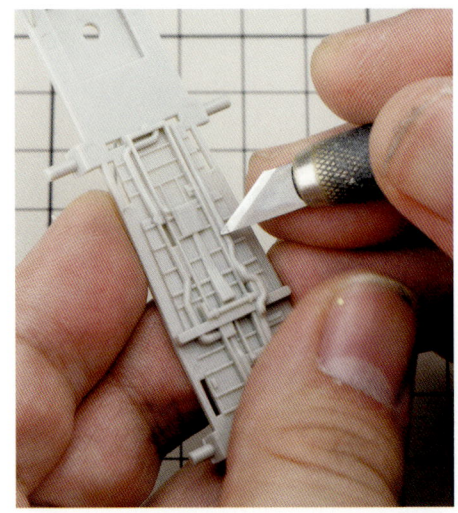 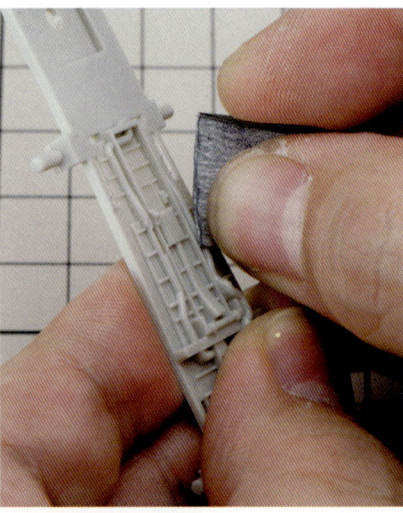

◀整形は簡単。周囲のパイピングの面に合わせてピン痕（というよりも受けのモールド）をナイフで削ってペーパーをかければよいだけ。もしも周囲のモールドを傷付ける不安がある場合はマスキングテープで保護し"術野"だけを出しておくと安心

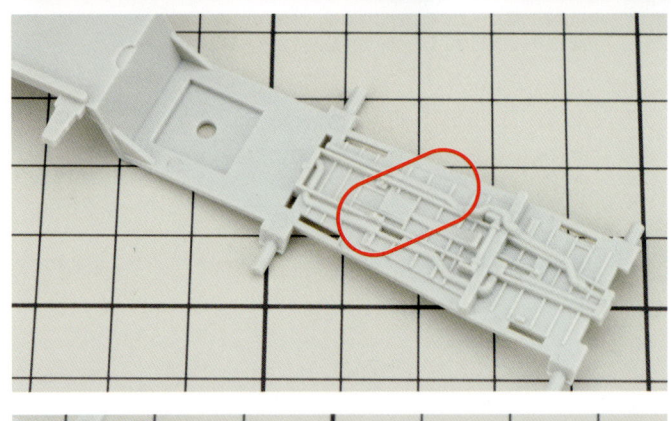

◀"違和感のあるもの"を取り除いて整形したら、なにかすっきりした感じになった

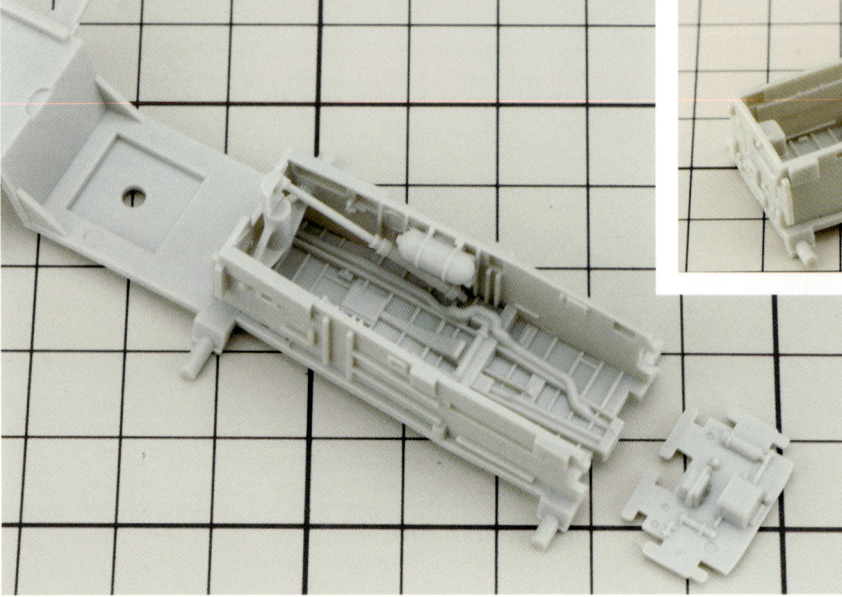

◀周囲の側壁パーツは天井への接合に影響が出ない位置にゲートが設けられているので、細部の調整はほとんど必要はないが、天井部側の側壁パーツとの接着部にエジェクターピン痕があるので、念のため軽くヤスリであたっておくといい。この時点で接着するよりも、白を塗装してから組み立てるほうがよい

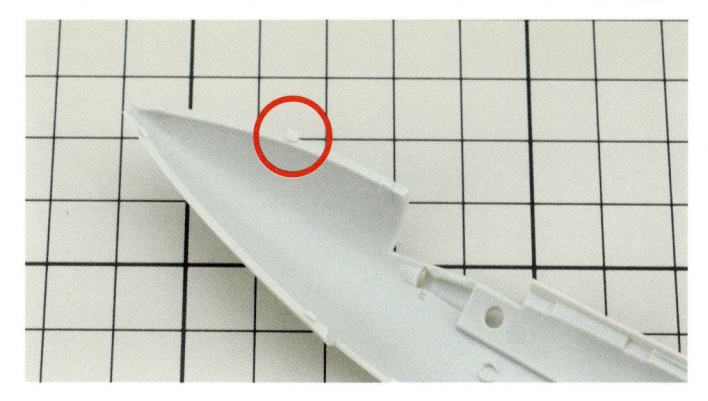

◀機首のパーツには説明図にも削除指示のあるジャンプゲートがある。また下面パネルの収まる部分にあるゲート（上写真）も、パーツの嵌めあわせに影響するので注意しながら切除し整形しておくこと

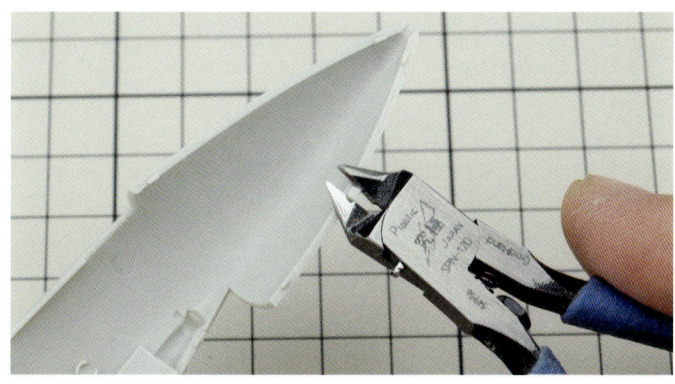

◀ゲートの切り取りにはゴッドハンドの「アルティメットニッパー」を使用。ナイフをぶれないように保持して切断しているのと同じ効果があるので、切断面に圧縮による白化痕が残りにくい

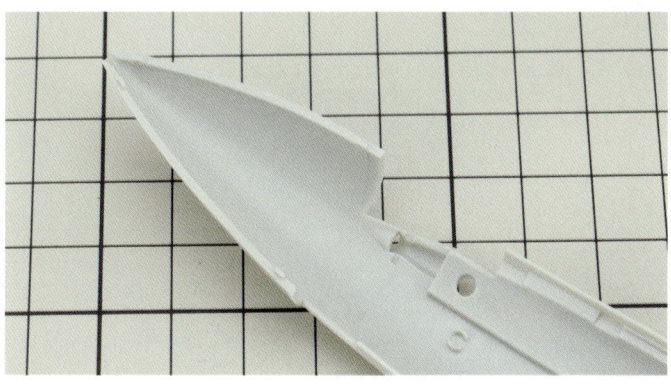

◀切断後の状態。このままでも充分な感じもするが、接着面の平面度が高いほど接着時の接着剤は少量で済むので、ヤスリをかける

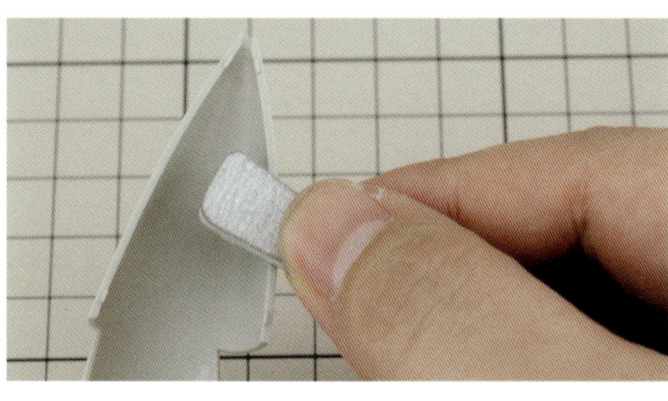

◀ヤスリがけにはウェーブの「ヤスリスティック」のHARDタイプのように当て板のある紙ヤスリを用いるが、ヤスリをあてる時に、嵌合用のタブを削り飛ばしてしまわないように注意しよう

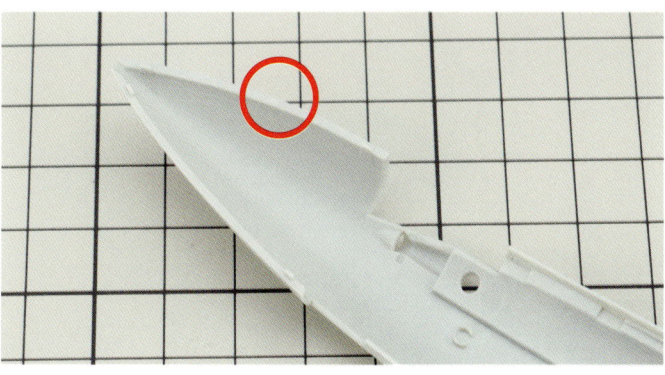

◀接着面にジャンプゲートのある部分は、このような一連の方法でていねいに整形、面出しを行なう。全体がもっと大雑把な雰囲気のキットであれば、溶剤型の接着剤でプラを溶かして強引に"溶着"することも手段のひとつだが、本キットのように繊細なモールドのものでは、接着時になるべく接着剤を控えめにしたほうが仕上がりがきれいになるので、整形、面出しは必須だ

コクピットと周辺の塗装

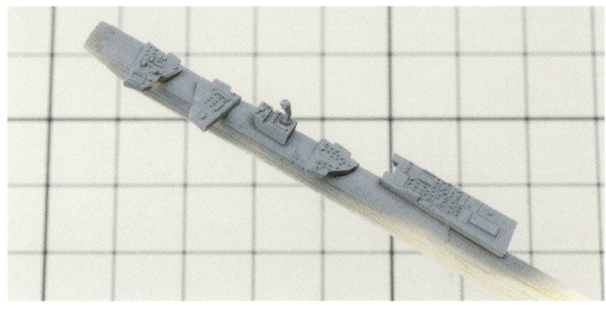

◀▲コクピットの塗装を行なう。キットの指定ではスカイグレイ（XF-19）となっているが、実機は通常グレイFS36231なので、指定色ではやや明度が高くなる。このへんは好みのニュアンスで色を選ぶといい

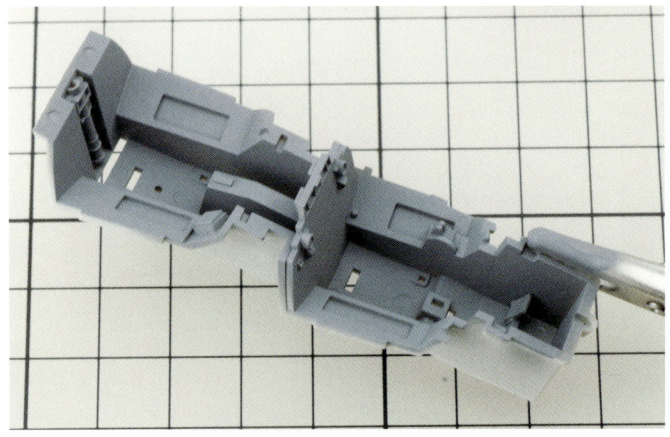

◀バスタブ状のコクピット基本パーツに隔壁、ラダーペダルを接着した程度の状態で全体にコクピット色を塗ってしまう

◀サイドコンソール等のパーツにも基本色を塗りおえたら、説明図の指示に従って筆で塗り分けを始める。キャンバス地の部分にはMr.カラー55番カーキを使っている（キット指示はXF-49カーキ）

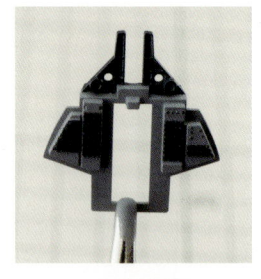

◀各パネルは反射防止用の黒なので筆塗りで塗装。細かなモールドが並んでいるが、まずは説明図の指示に従って塗っていく。ここではファレホの水性アクリル塗料を使用。色は黒そのものにせずRAL7016、第二次大戦ドイツ陸軍でいう「フリーガーブラウグラウ」を使っている。またディスプレイ用のデカールも貼付、さらに各スイッチや表示灯など、説明図に基づいて可能な限り色を入れておく

◀コンソールパネルの塗り分けを終えたら各パーツを接着、ツヤを整えるのと塗装面を均質化する目的で、フラットクリアーを全体に塗る

◀クリアーのコートが乾いたところで、モールドを際立たせる目的でスミ入れを行なう。使用したのはMr.ウェザリングカラーのグランドブラウンとマルチグレー

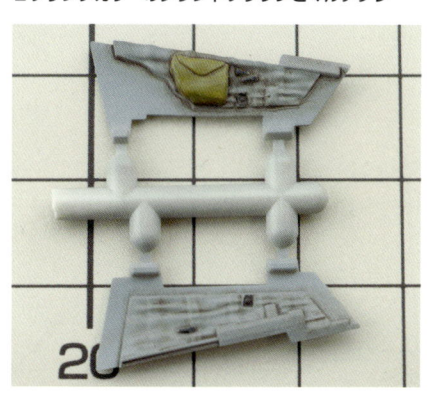

◀後席レーダーディスプレイはクリアーグリーン塗装後にデカールを貼り、乾いたらアクリジョンのクリアーで押さえておく

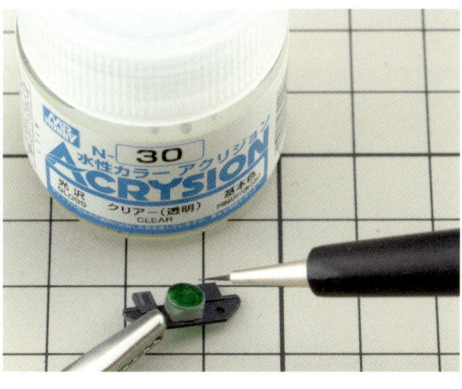

▶各レーダーディスプレイにハセガワ フィニッシュシートの偏光フィニッシュグリーン～マゼンタ（限定商品のため市場在庫のみ）を貼るというのも、外連味が増してアクセントとなる

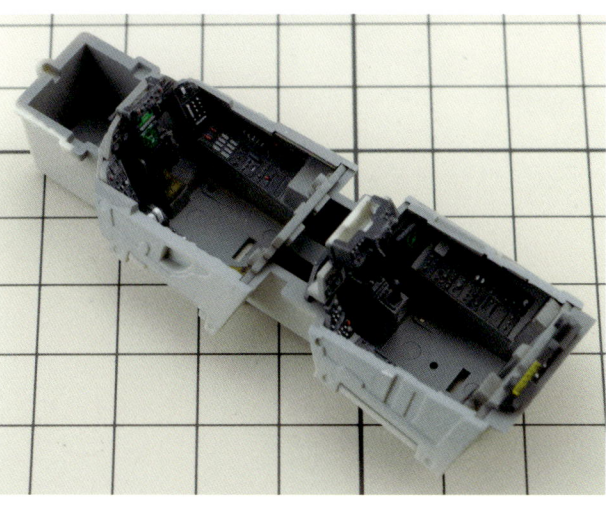

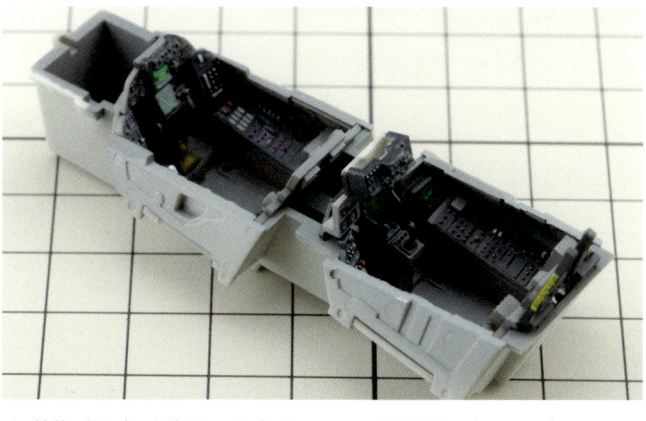

◀▲塗装、組み立てを終えたコクピットユニット。側面内壁のパーツを固定してしまうと、コンソール部分へのリタッチはほぼ出来なくなるので、側面パーツを接着するまえに、後悔のないようにチェックしておこう

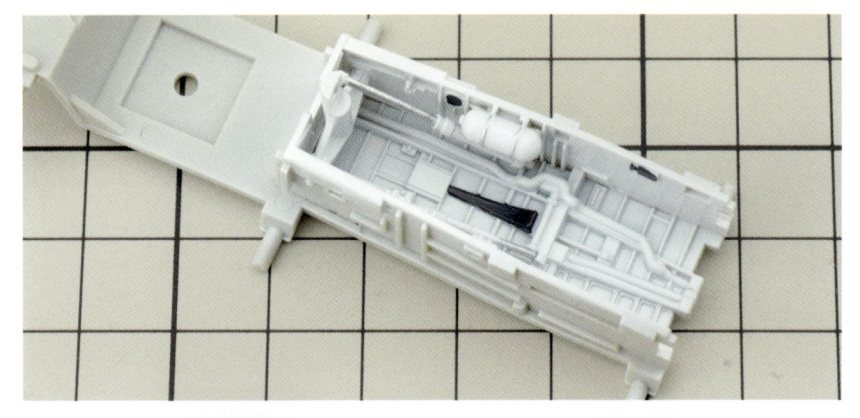

◀脚庫などは、下面色と同じ白で塗装する。奥行きのあるモールドが各面にあるため、各パーツをばらばらの状態で白を塗っておき、また各部の塗り分けも済ませておこう

◀パーツごとの塗装、塗り分けを終えたら組み立ててからスミ入れを行なう。モールドが多く重なり合った部分もあるので、ウォッシング→拭き取りの自由度が低いため、面相筆で角隅にていねいに流しこみ、拭き取りは最小限にしたほうがいいだろう

◀コクピットユニットと脚庫ユニットを合体させる。位置決め方法、接着面の確保など設計段階で充分に検討されており、そのまま組むだけでよい

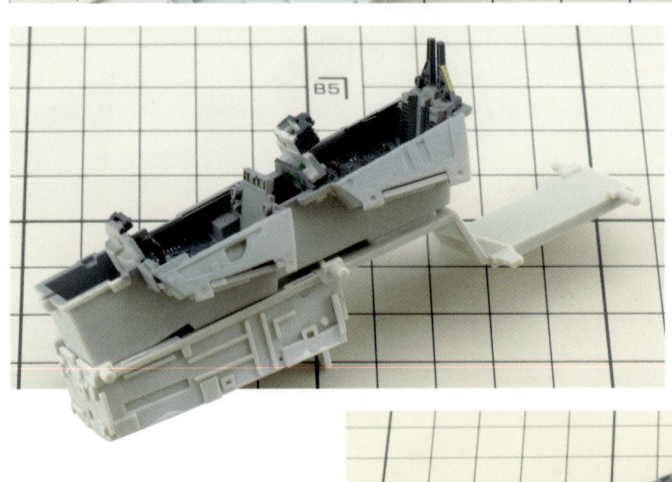

▼機首内側にはキットの指定どおり、黒を塗っておく。またバルカン砲口のパーツ（B11）を付け忘れないように注意しよう

▶コクピット／脚庫はシートも含めてカウンターウェイトとしての役割を担う。前輪式着陸装置を採用したジェット機の模型では、尻もちをついてしまうことが多い。そのため、機首レドーム内にオモリを入れる場合が多い。このキットではそこまで計算されており、強いてオモリを入れる必要はない。もしもノズルなどをサードパーティー製レジンパーツなどに変更するつもりがあるのなら、オモリを仕込んでおいてもいいだろう

接着線消し、モールド埋めとトリミングを集中作業

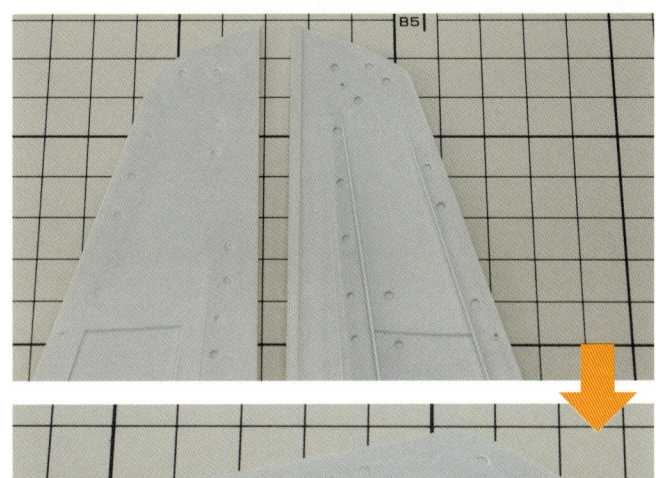

▲接着面に残ったピン痕の周囲に樹脂の"マクレ"が生じている部分がある。接着面の密着性を高めるためにペーパーがけしてこれらの"マクレ"は削り取りきれいに整形しておくほうがいい

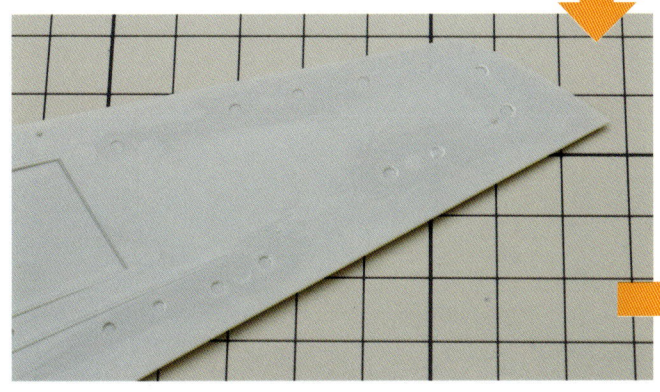

▲すでにトリミングして整形してあるが18ページの写真にもあるように主翼上下パーツにはジャンプゲートがあるのできっちりと整形、面出しする

▲接着は樹脂分を含有する接着剤を両面に塗り貼り合わせてから、周辺の縁部から無樹脂タイプの接着剤を流し込むといい

注意！接着線を埋めて消すのを忘れずに

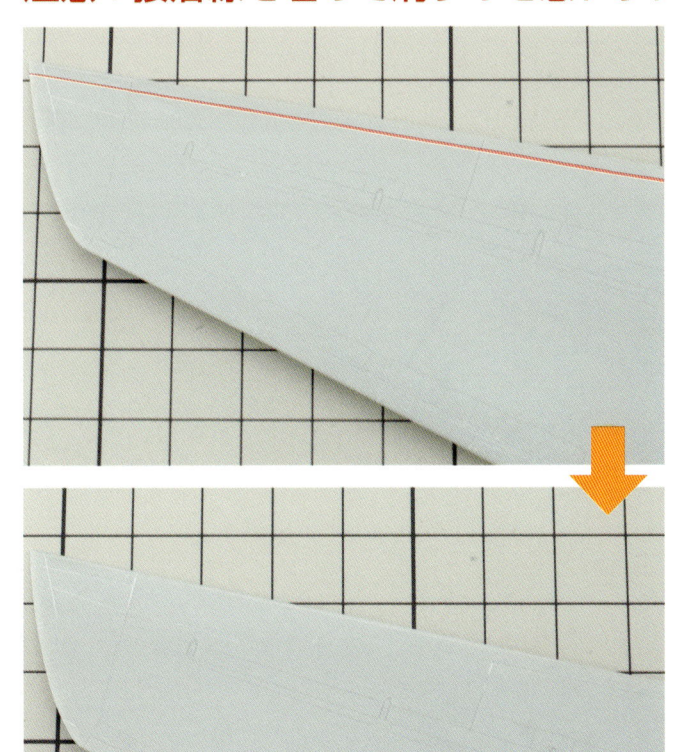

▲ラッカーパテを用いてもいいが、作例では瞬間接着剤を用いて接着線を埋めている。瞬間接着剤は直接ノズルから滴下すると"大事故"のもとになるからやめよう。ポリ製のシートなどに少量出しておいた瞬間接着剤を、伸ばしランナーですくって、埋めたいところに置いていく。硬化促進剤で硬化時間を短縮できるが、促進剤の成分はスチロールを軽度に侵す可能性もあるので、使用は慎重にしたい

注意！接着線が埋まって消えたら復元を忘れずに

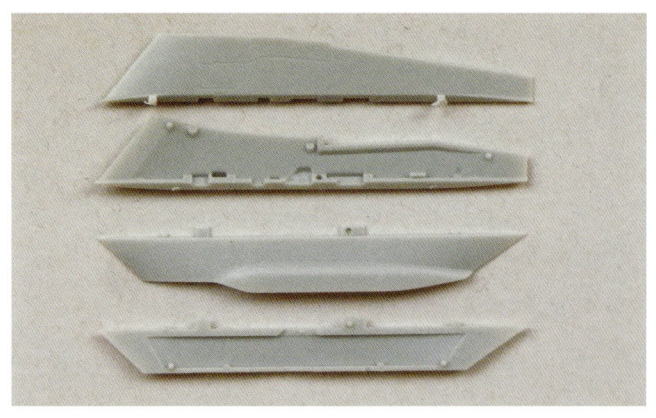

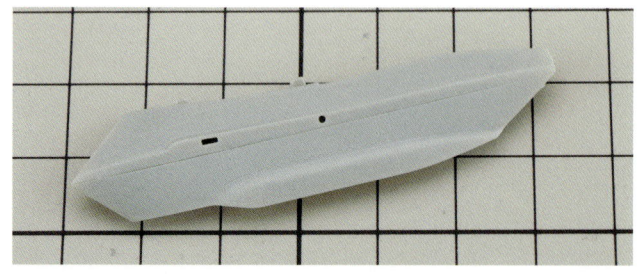

▲主翼グラヴ下に装着される多目的パイロンと、その下に付くアダプターは両方とも左右分割されている。パイロン／アダプターの接合面にゲートが来ているので、整形処理はていねいに行なっておこう。また、パイロンとアダプターの接合線が接着時に消えてしまった場合には、スジ彫りツールなどで浚って、"別々です"という表現を行なうといい

主車輪を組んだら塗装のために軸を打つけど上下があるので要注意

◀▶主脚タイヤは左右貼り合わせのあと整形したら、塗装の便宜を考えて、接地点に穴を開けて真鍮線などでピンを打っておこう。なおタイヤは上下位置が決まっているので注意

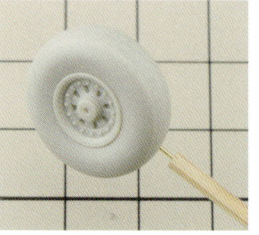

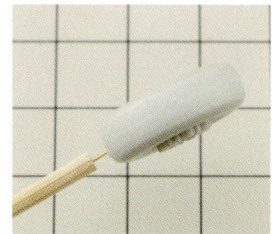

ちょっとディテールアップで雰囲気UPUP

◀アレスティング・フック基部のフェアリングには胴体からバイパスされた燃料排出口がある。キットのパーツは開口していないので穴を彫り、中央に補強板を入れると精密感が増す

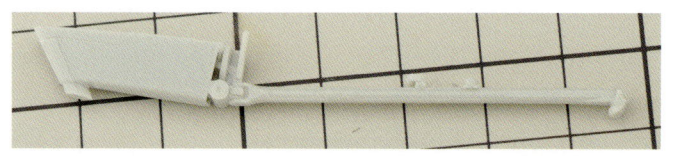

▼塗装しながら組み立てる必要のない部分、貼り合わせ系のユニットはどんどん組んで、必要ならば整形しておくと、メイン作業を塗装に移行したとき作業効率はいいはずだ

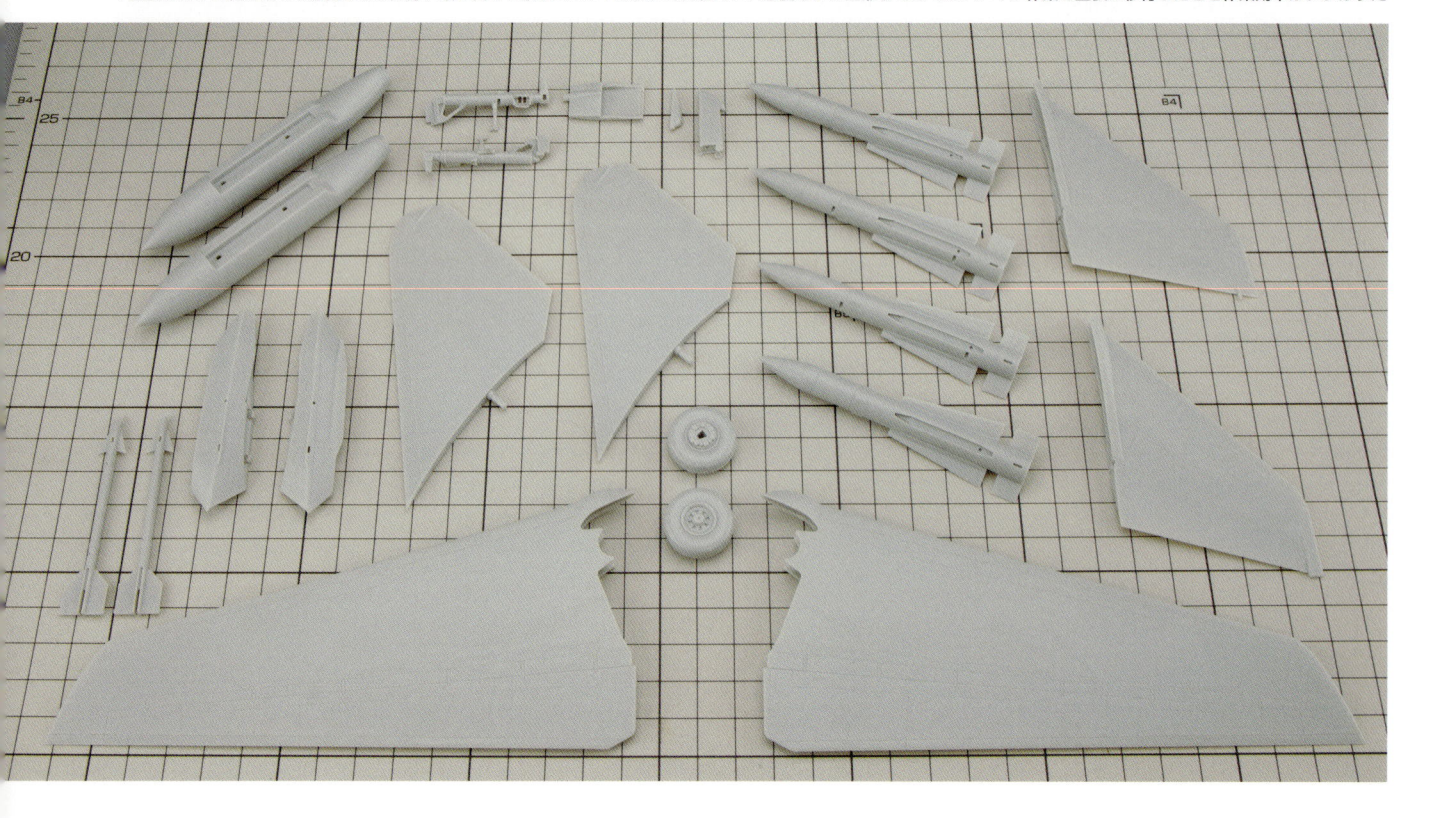

ピン痕の整形も忘れるな

ミサイルはちょっと工夫で1ポイントUP

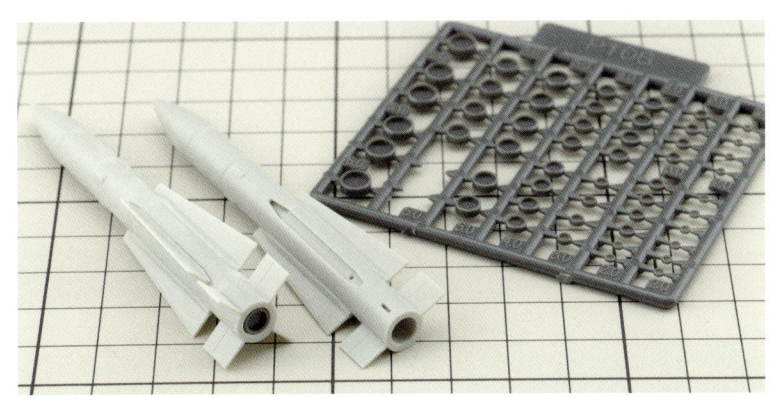

▲脚ドアの内側などにうっすらとではあるがピン痕が見える場合がある。塗装すると意外に目立つので、軽くヤスリをあてて写真右のように整形しておくといい

▲左右貼りあわせで筒状になっているフェニックスミサイルの胴体だが、噴射口にはコトブキヤの丸ノズル〈S〉から5mm径のものを埋め込んでいる。消すのが難しい内側の合わせ目も、丸ノズルで隠せば省略でき、らしさも増す

スパロー、サイドワインダーには噴射口を開けて

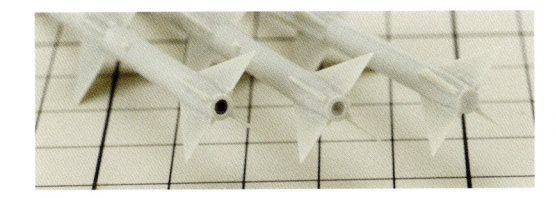

◀スパロー、サイドワインダーは成型の関係で尾端にモールドがない(写真右端)。そこで両方ともピンバイスで穴を開け(真ん中)、スパローに関してはフェニックス同様「丸ノズル」の2mm径を埋め込んでやるとらしくなる

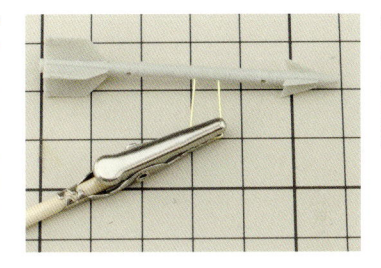

◀ついでに塗装用に軸を打っておこう。ランチャーとの接合面に穴開けして真鍮線の軸を2本、差し込む

機首から胴体の製作に向けての作業に入ろう

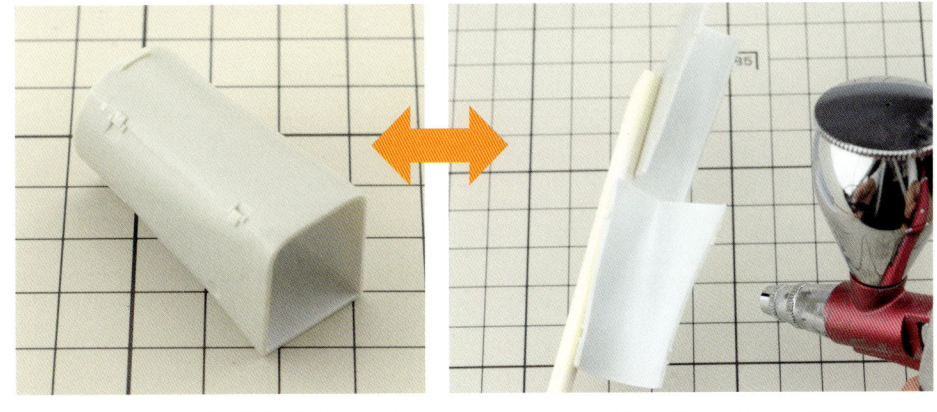

◀インテークダクトのパーツは対角で分割され、接着線がほとんど気にならないような設計。奥行きがあるので、組み立て後に塗装する場合は、それなりに技術が必要だ。まずパーツの段階で、前脚庫の塗装時、いっしょに白を塗っておき、接着後に接着線が気になるならピンポイントで整形、ま、目立たないからいいか、というのであればそのまま組み込めばいいだろう
▼インテークリップのパーツは、接着したときの接着線を消してしまわないように。分割されているリップパーツの形状に、実機ではベアメタルとなっているだめである

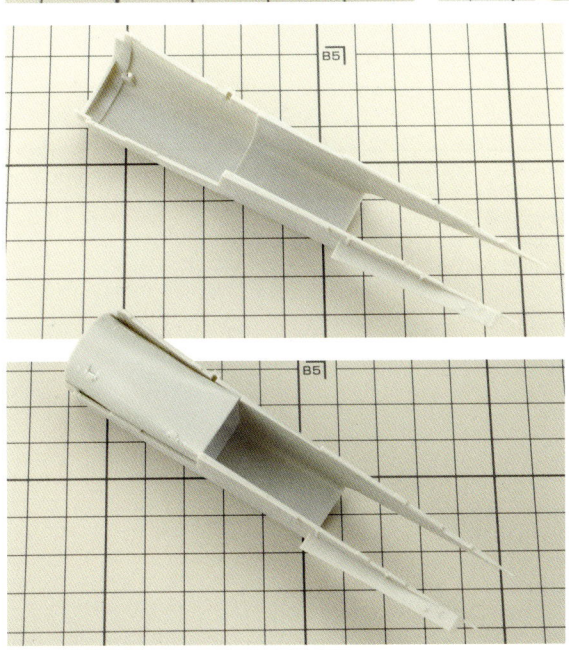

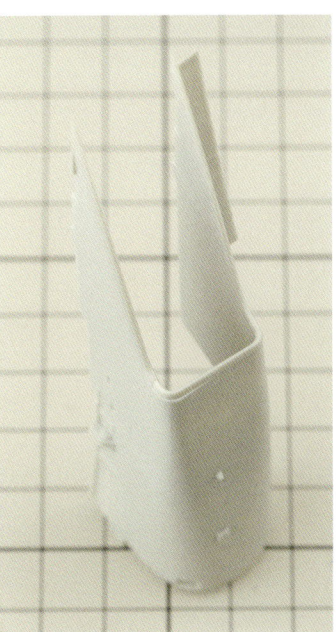

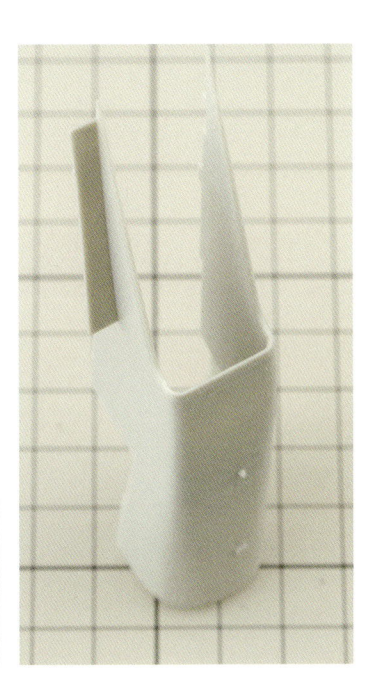

胴体にある不要なモールドを埋める、削り取る

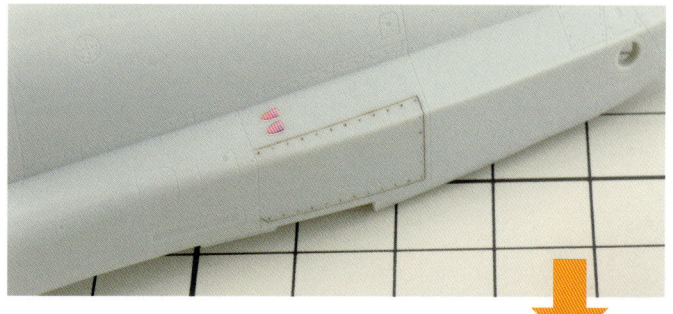

◀キットはエンジンの異なる以降の型式と共用できるように、A型にはないモールドが施されている。説明図にも指示があるが、忘れないように凹モールドを埋めておこう。茶色っぽい色の入っているところが埋める部分、ピンク色の部分がトリミング部

◀伸ばしランナーの先に瞬間接着剤をつけ、埋めたい凹モールド（あるいは合わせ目の隙間）の上にちょいちょい、と置いていく。硬化する際にほんの少しだけヒケるので、わずかに山になるよう盛る

◀次に瞬間接着剤専用硬化スプレーをサッとひと拭きする。すぐに硬化するので、ほとんど待ち時間なしでつぎの作業に移ることができる

◀瞬間接着剤が硬化したらヤスリで整形する。まずは400番ほどの粗めの番手で平滑にし、それから徐々に細かい番手に移行して表面を削ることで、パーツのポリスチレンと瞬間接着剤の硬さの違いによる削りムラを防ぐことができる。盛り上がりは指の腹で撫でるとたいていわかるはずだ

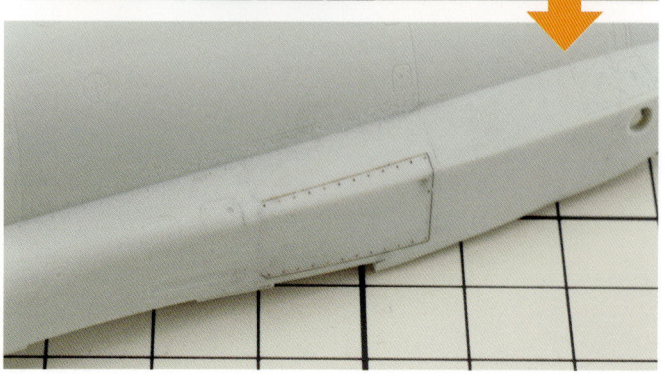

◀いちばん上の写真でピンク色で表したエアアウトレットのモールドもナイフで削って、ヤスリをかけて表面を整えておく。埋めたモールドの状態を見たい場合、ここだけピンポイントでサーフェイサーを筆塗りして確認、ヤスリがけして仕上げるといい

ビーバーテール左右の切り取り指示を見落とさないこと

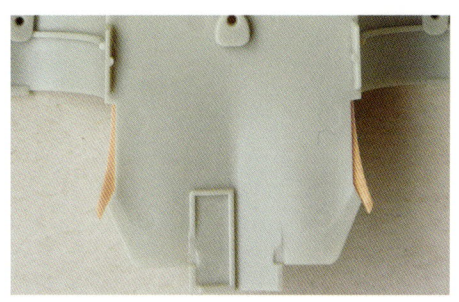

◀パーツを内側から見ると一段落ち込んだ表現の部分(左写真ではピンク、上写真ではオレンジの部分)が、切り取りの必要なところ。表側にはスジ彫りのモールドがあり、これらを目安にして胴体上下パーツともトリミングする

◀ナイフを使って少しずつ削る。ナイフの刃はよく切れる新品を使うこと。削りすぎないように慎重に作業しよう

◀削った小口はヤスリをかけて仕上げておく。下写真のようにノズルとビーバーテールのあいだにはわずかにすき間ができるがこれで正解。ほぼ見えないのでわざわざ内部を塗装する必要はないが、気になるようならノズル取り付け前に黒で塗装しておくといい。実機では上下の外板を留める前後方向のフレームと、これを補強する上下方向のリブが見えるような構造になっている

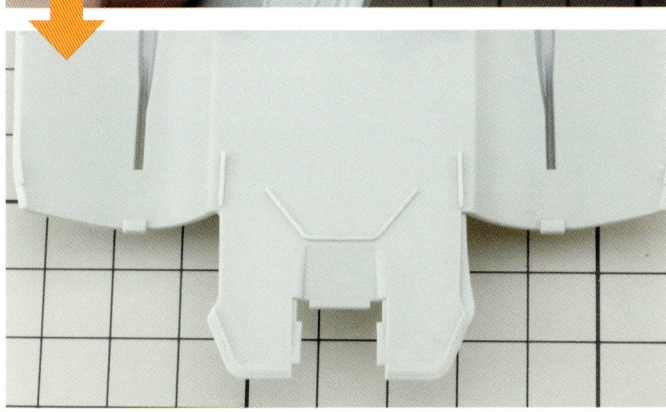

▲左が加工後、右が加工前

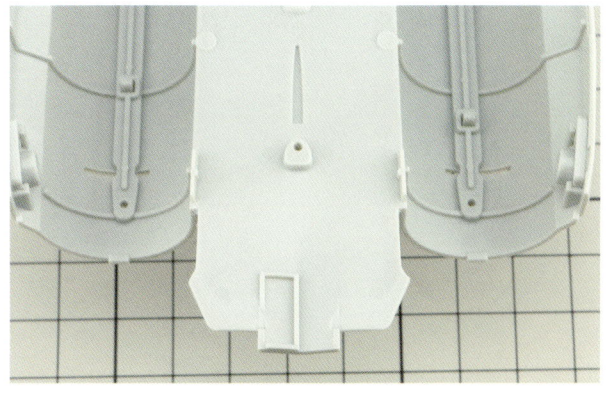

▲こちらは左右とも加工済みの状態

胴体の上下貼り合わせに際して行なって注意しておくこと

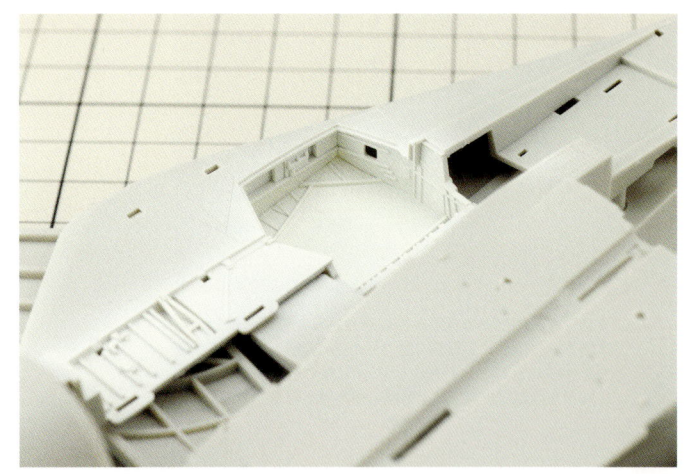

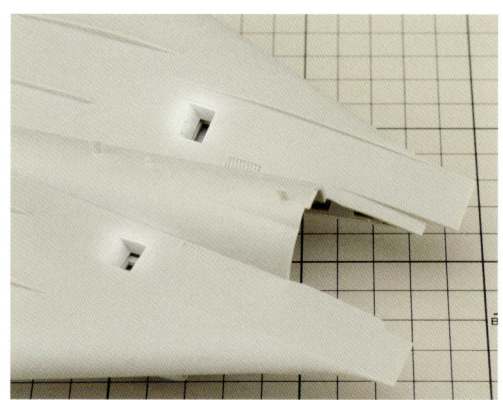

◀主脚収納部はインテーク・ダクトのユニットを接着固定する前に庫内色の白を塗っておこう。他にも機体の白を必要な部分に塗っておく

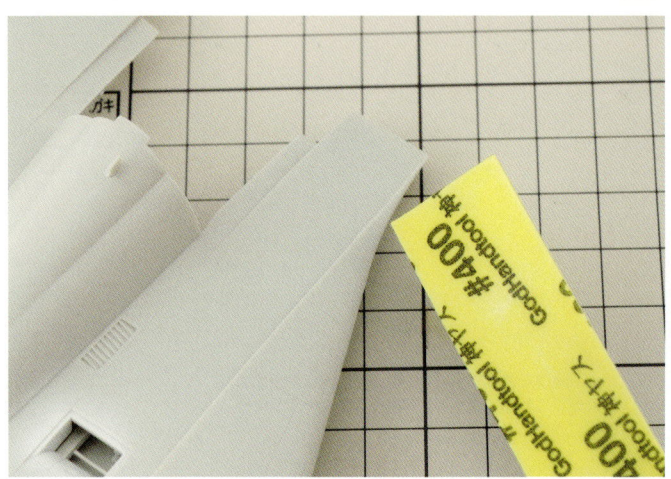

◀▲番号B3、B5のグラブ先端外縁パーツは、グラブ・ベーンをまたぐ形でパーツが分割されているため、ベーン前方部のみ合わせ目を消す作業が必要だ。ベーン収納部上下のパネルラインはパーツの分割線に一致するよう設計されているので、ベーン本体前方に生じる接着線のみをピンポイントで消すようにしたい

◀胴体上下を接着する前に、もう一度、穴開け指示のある場所の確認を行なっておこう。また、別パーツ状態のままで白が塗装が可能な場合は、塗っておくほうがいいだろう

◀インテークダクトは内側を白で塗ってから、別個に塗装しておいた吸気ファンを接着する。ファンのセンター・フェアリングは白で塗っておく。パーツの精度が高く分割もパネルラインに沿っているので、インテーク・ユニットは各部の白塗装が終わってから固定すればよい

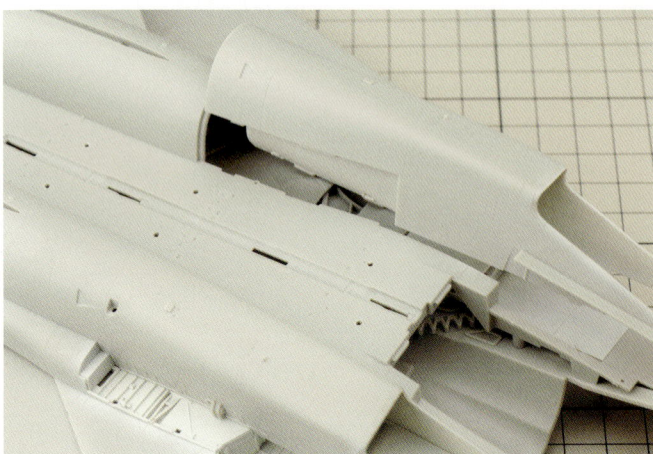

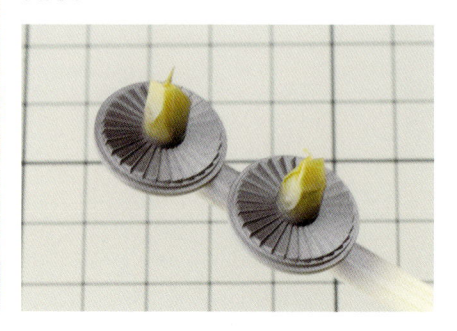

胴体の上下貼り合わせが済んだら機首との嵌合を確認

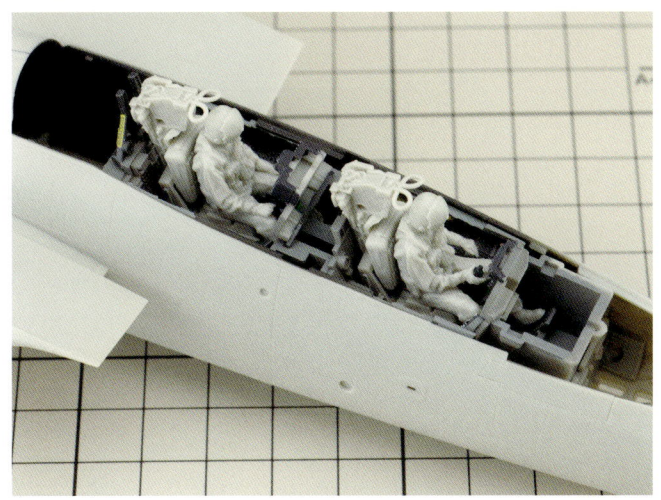

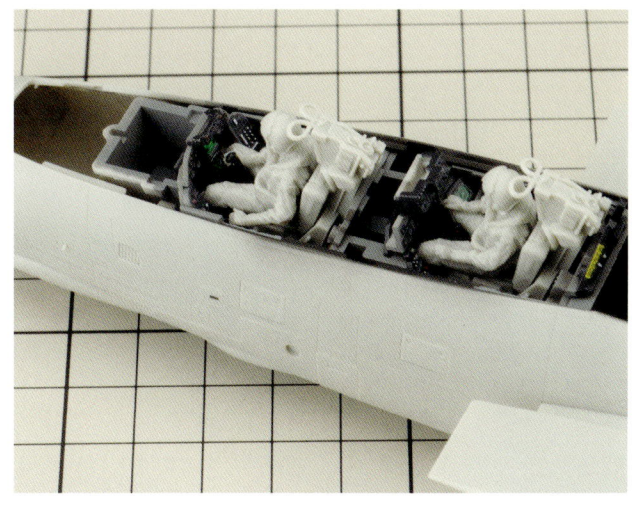

▲機首と胴体をそれぞれ組み上げた段階で両ユニットの嵌合を確認。確認するまでもなくパーツの合いが良いのは分かっているが、これは各作業の段階でゲートの処理は不充分であったり、うっかり余計なゴミが接合面に付着していないかなどを確認するためのもの

機首、胴体アッセンブル前にもろもろ済ませておく

▼胴体と機首の嵌合は完璧といっていい精度でパーツ分割もパネルラインに沿っているため、合わせ目を処理するというストレスもない。逆に考えると、樹脂を含有した接着剤を塗ってから嵌め込むといった接着方法は避けなければならないということになる。周辺にあるスジ彫りなどのモールドを潰さないように溶剤型接着剤を流し込むポイントをよく検討しておくことも必要だろう

▲ここに掲載した連続写真ではシートの塗装を終え、グレアシールド、コクピットフレームなどを取り付けた状態になっている。なおシートとグレアシールドはこの後のマスキング作業を考えて、この時点では接着しないほうがいいだろう

グレアシールドは塗って完成状態にしておく

●後席のグレアシールドはまずツヤ消しの黒を塗っておき、マスキングして帆布（キャンバス）製の異物侵入防止用のカバー部分をエアブラシによって塗装した。説明図の指示通りカーキを用い、そのあとにウェザリングカラーでシェイディング、スミ入れをしている。カバーの実物はもともと黒染めされているが、経時により色抜けし、小豆色やカーキのような色調に変化する。これを再現しても面白いだろう

前席のプロジェクター・レンズ部にはこれ

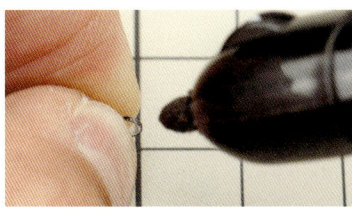

◀▼HUD用の情報投影用レンズは、パーツの小口をマーカーの黒で塗り、偏光フィニッシュグリーン〜マゼンタを貼っている（キットの指示はクリアーグリーン）

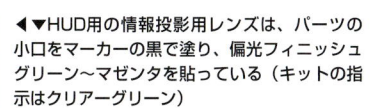

簡易ブラック＆ホワイト塗装法でフィギュアの陰影を強調

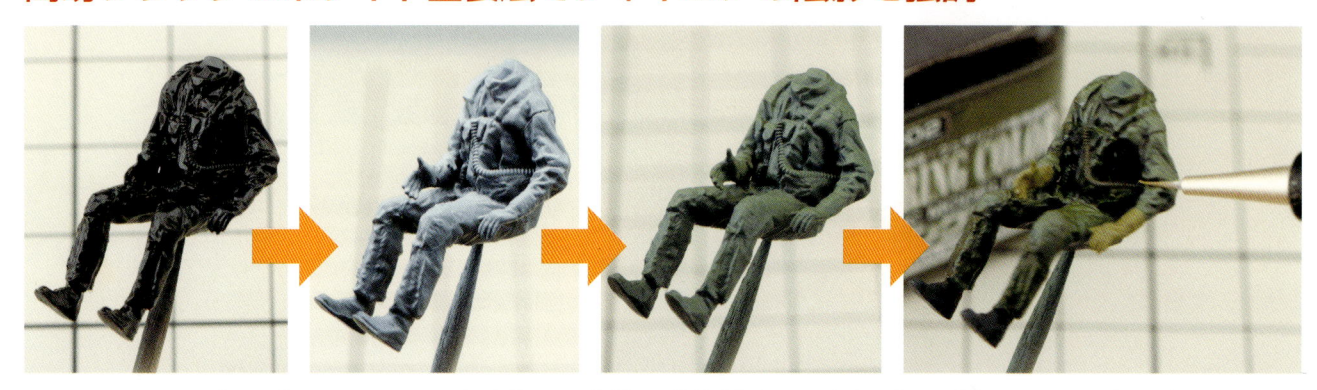

●1/48スケールのフィギュアは小さい。ゆえにベタ塗りするとどれほど繊細にモールドが入っていても、自然にできる陰影では、のっぺりとした印象になってしまう。それを避けるために、陰影を強調するという塗装が一般的。まず黒で全体を潰してしまう。これが陰となる。続いてグレーのサーフェイサーを吹く。このとき上側からだけ吹きつけるようにする（自然光が上から差すという想定）と、塗料が回り込まない部分には黒が残ることになり、陰影が強調された姿となる。次にフライトスーツの基本色としてフィールドグレーを塗布。この際に使う塗料は下地の陰影を潰してしまわないよう薄めに希釈しておく。このように下地の時点で陰影をつけておき、薄く色を上塗りすることで陰影を強調する塗装法を、最近のAFV模型の世界では「B&W（ブラック＆ホワイト）」と呼んだりしている。この上から耐Gスーツやグローブ、ブーツなどを塗り分けて軽くスミ入れし、ウォッシングすれば胴体部分が完成する。ツヤ消しで仕上げた胴体に対し、ヘルメットやバイザーはグロス塗装で仕上げ、ツヤの対比で質感を強調。ヘルメットの黄色をきれいに発色させるため胴体とは別に仕上げて合体させる

機体にホワイトを塗装するついでに、あれやこれやも塗っておく

▲武装類、増槽の基本色はホワイトなので、脚庫内を白塗装する際、同時に塗っておくとよい。もちろん脚庫ドアなども塗る

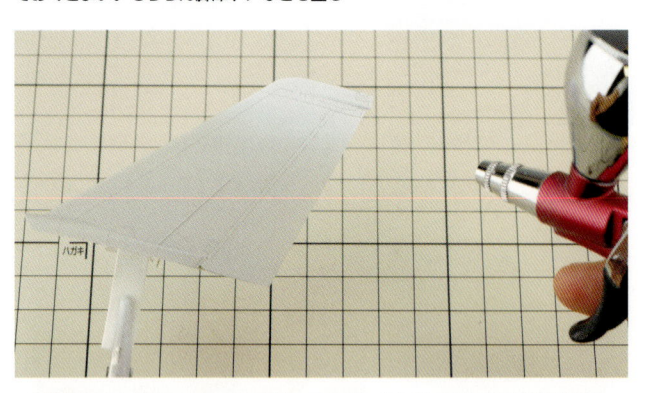

▲垂直尾翼の上端はマーキング・デカールの色に合わせた黄色を塗る必要がある。そのための下塗りとして白を吹いておく

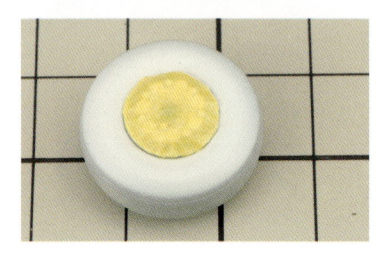

◀ホイールは基本的にホワイトで塗装されているので、まず白を塗り、サークルカッターで切り抜いたマスキングテープで覆い、タイヤの塗装に備えておく。細部の塗り分けはタイヤ塗装後に筆塗りすればよい

あれやこれや塗っておいたところに注意喚起用の赤も塗ってしまう

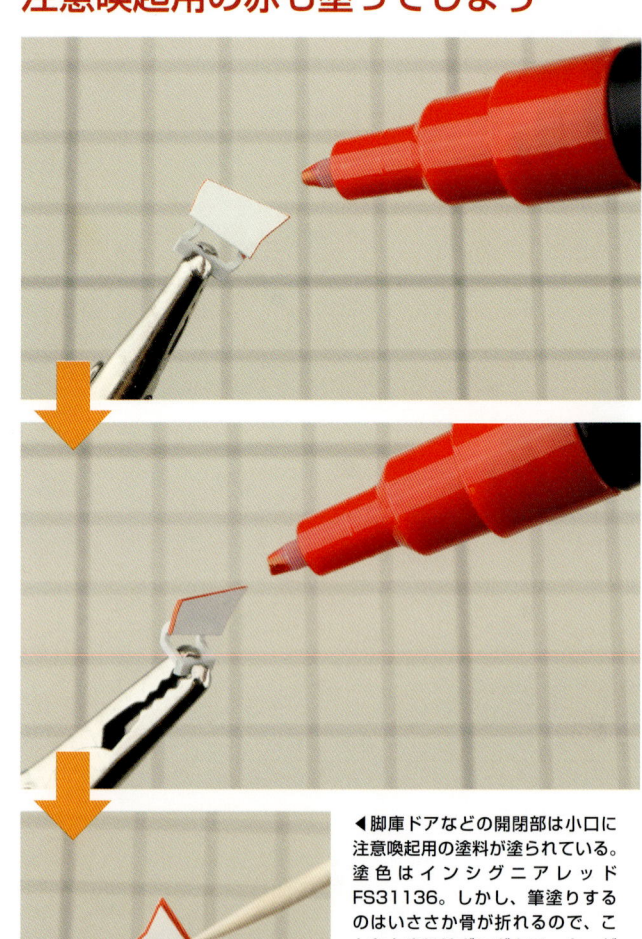

◀脚庫ドアなどの開閉部は小口に注意喚起用の塗料が塗られている。塗色はインシグニアレッドFS31136。しかし、筆塗りするのはいささか骨が折れるので、こんなときにはガンダムマーカーが便利。赤の色味は、実機ではわりあいと無造作に塗られており、もう少し暗い印象だが、模型的にはガンダムレッドぐらいがちょうどいい。はみ出しのトリミングや拭き取りも簡単なのでおすすめだ

キャノピーのパーティングラインを消す

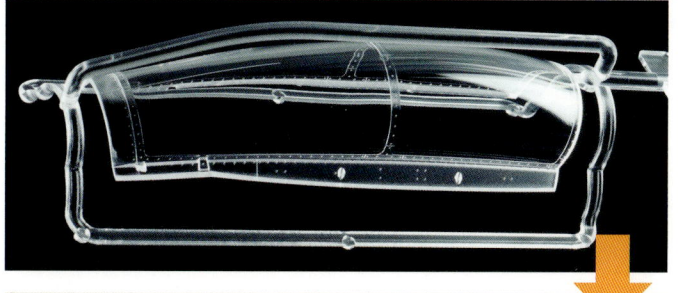

▶現用機のキャノピー横断面は"Ω"形状になっているが、近年の多くのキットはスライド金型を駆使してこれを再現している。この場合、天井部にパーティングラインを取るのが一般的。タミヤのF-14は金型精度が高くほとんど目立たないが、抜きテーパーによる表面のうねりが生じている。パーティングラインを消すとうねりもなくなる

▲パーティングライン消しには、ウェーブの「ヤスリスティック フィニッシュ細型」、ハセガワの「セラミックコンパウンド」およびコンパウンド磨きに使用する「スーパーポリッシングクロス」の3点を使用する

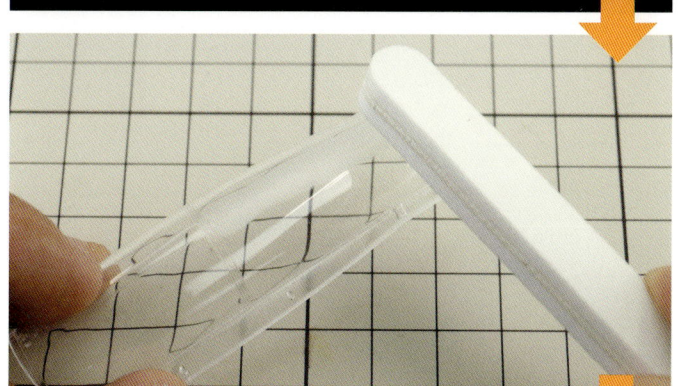

◀まず、ヤスリスティック フィニッシュの緑色の面を使用。やさしくていねいに磨き続けるとパーティングラインが消え、周囲は研磨のキズですりガラス状になる

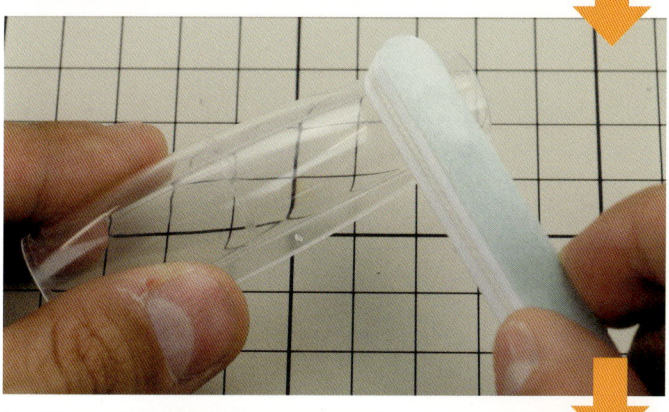

▲パーティングラインが消えたらヤスリスティックを裏返し、白い面で磨き続けると……この時点でほぼ透明になる

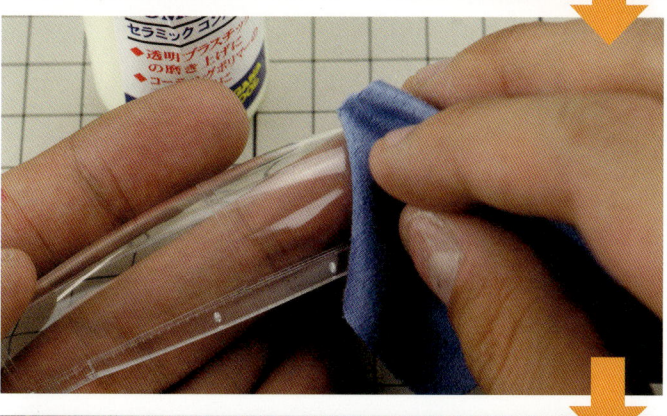

◀最後にセラミックコンパウンドで磨くと、細かなキズが取れ透明度が上がる。ヤスリスティックをあてた部分だけではなく全体を磨くと、光沢が均質化される。ただし、作業中にパーツをもつ手に力を入れすぎないよう注意

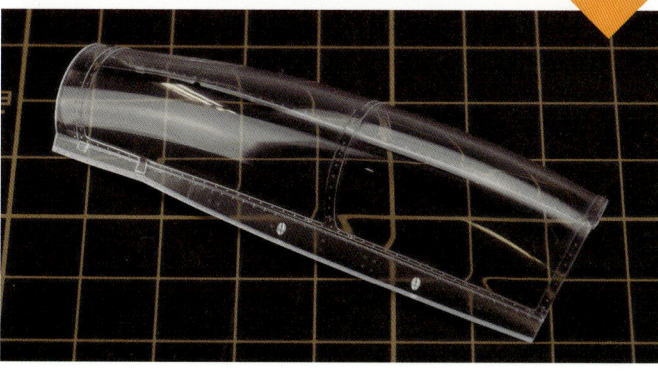

◀ヤスリスティック フィニッシュは深いキズがつきにくく、研磨が均質に行なえるので驚くほど少ない作業でパーティングライン消しが可能となる。表面のうねりが整形されたことで透過する像の歪みがほとんどなくなる

機首、胴体アッセンブル前にまだまだやっておく、あれこれ

固定キャノピー正面の防弾ガラス部はフィニッシュシートで

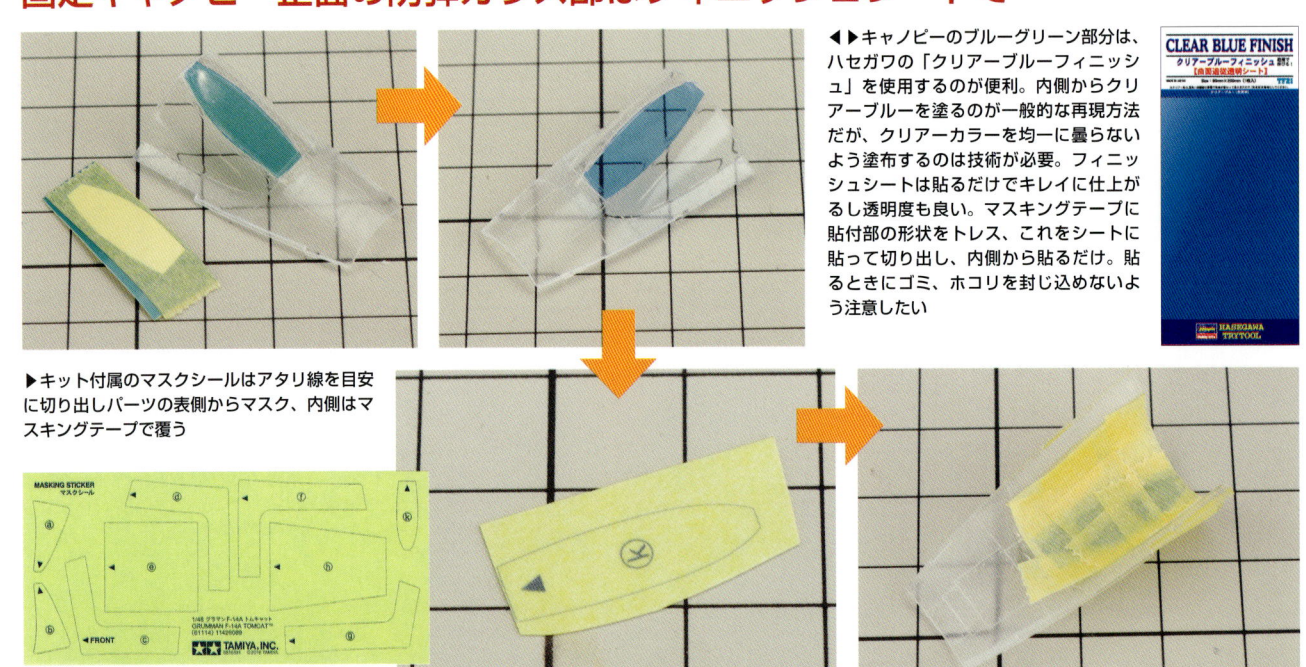

◀▶キャノピーのブルーグリーン部分は、ハセガワの「クリアーブルーフィニッシュ」を使用するのが便利。内側からクリアーブルーを塗るのが一般的な再現方法だが、クリアーカラーを均一に曇らないよう塗布するのは技術が必要。フィニッシュシートは貼るだけでキレイに仕上がるし透明度も良い。マスキングテープに貼付部の形状をトレス、これをシートに貼って切り出し、内側から貼るだけ。貼るときにゴミ、ホコリを封じ込めないよう注意したい

▶キット付属のマスクシールはアタリ線を目安に切り出しパーツの表側からマスク、内側はマスキングテープで覆う

ゴム製部分のエアバッグの汚れとらしさを演出する創意工夫

◀▼実機ではエアバッグは埃や汚れで汚くなり、こすれによるダメージも目立つ。これを筆塗りで画を描くように表現する方法や、ドライブラシとウェザリングで見せるやり方もある。作例では、ダメージ再現に、まずダークグレーで基本塗装したあとに、換気扇用のフィルターをあてがい、明るめのグレーを吹いてランダムな着色を狙った。乾燥後にMr.ウェザリングカラーのグランドブラウンでウォッシングし質感を整えている

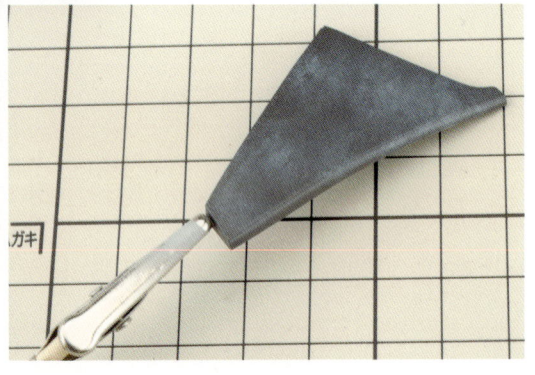

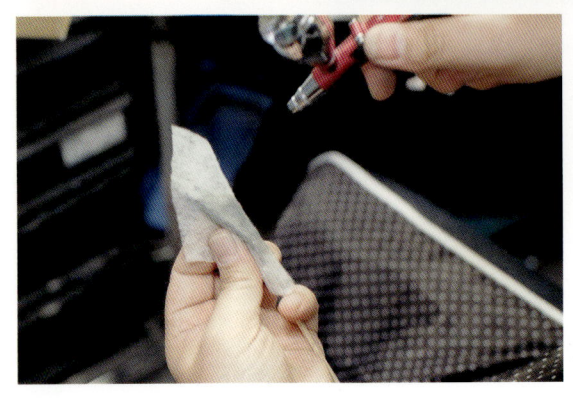

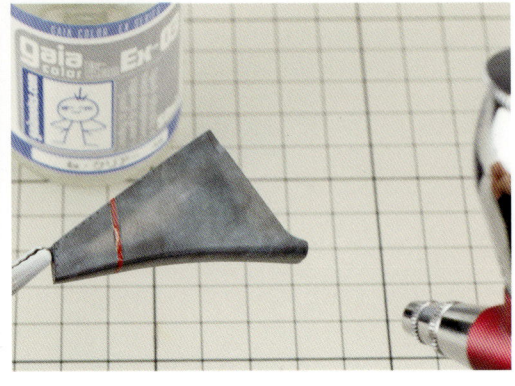

◀デカール貼付後に、まずツヤありクリアーで表面を平滑にする。デカールのシルバリングは少々なら消える。が、デカールを侵しているということにもなるので、吹きすぎに注意。このあとツヤ消しクリアーを吹きつけて光沢を整える

ノズル周辺は基本塗装時点である程度焼け表現をしておくといい

アフターバーナー・ダクトの金属色塗装は集中作業でやってみる

●エンジン排気ノズル（アフターバーナー・ダクト）内は高温高熱、高速の噴流に晒される。燃料を加え再燃焼させるアフター・バーナーはF-14Aが搭載していたP&W TF30エンジンの場合、発艦時にこれを使用しなければ推力が不足していたため、離艦できなかったという。このため使用頻度も高くおのずと焼けや汚れも激しくなる。スジ状の煤や焼け汚れを、中を覗きこんだときによりリアルに見えるよう表現しておこう。◀まずはジャーマングレーで内側をベタ塗りする。▼乾燥後に白をスジ状に吹きつける

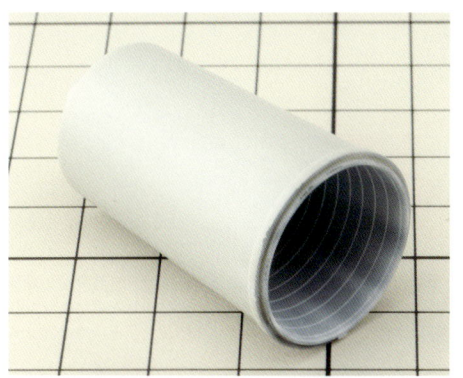

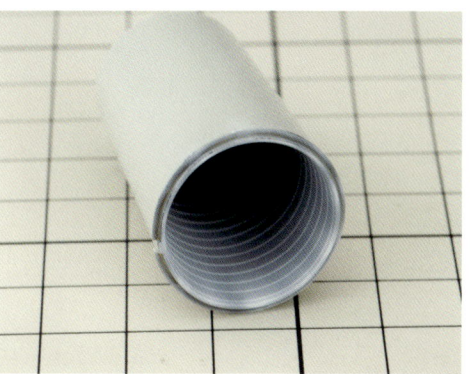

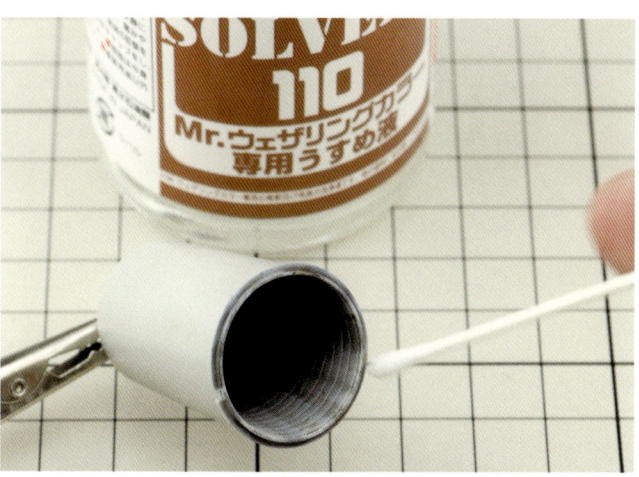

▲白を吹き終えたら、GSIクレオスのMr.ウェザリングカラー「グランドブラウン」で汚れも描きこんでおく。ここは奥まった場所になり、またパーツ状態のほうが取り回しが楽なので本体に組み込む前に作業しておいたほうがいい

◀アフターバーナー・ダクトの奥に収まるフレームホルダーのパーツは一体成型だがモールドは深く、ダクトの奥に収まるので充分な出来。Mr.カラーのスーパーチタンを吹き、Mr.ウェザリングカラーでスミ入れすればいいだろう。さらにこだわりたいのであれば、放射状に延びたフレームホルダーの各エレメントと、ダクト内の条様の汚れをあるていど一致させると、リアルな雰囲気が高まるというものだ

ノズル・シュラウドの焼けた金属の雰囲気は先端可動部とは違う感じで

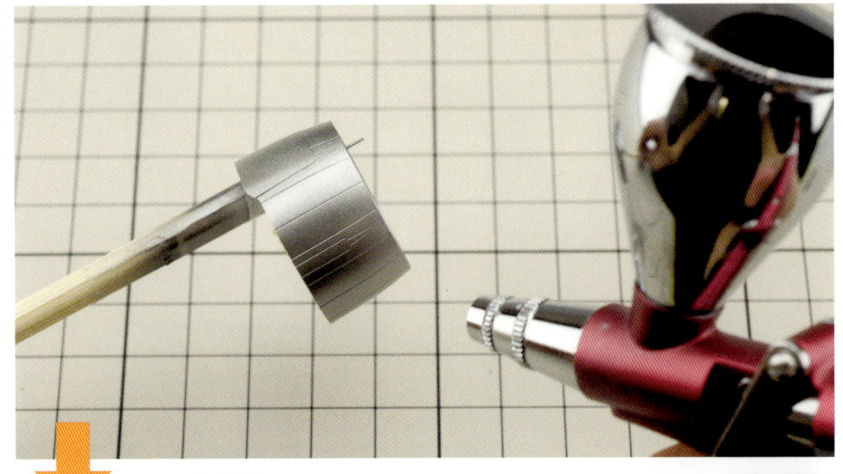

◀ノズル・シュラウドは、まず機体から延長されているフェアリング部分のモールドを機体色で塗装、マスクしておく。それからガイア鉄道模型用カラーのダーク ステンレス シルバーを基本色として塗布

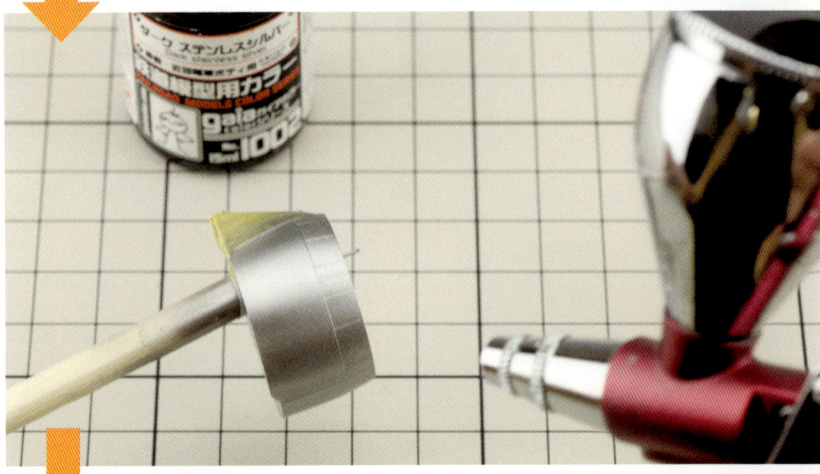

◀金属色は塗り重ねによる塗膜の厚みで、金属光沢の発色に変化が生じてくる。同一色を塗る場合も様子を見ながら好みの色調になったところで止める、という色味のコントロールも可能だ

▲金属色を塗り終えたら、調子を付けていく。まずMr.カラー116番 RLM66ブラックグレーで上半分の実機では板を1枚巻き付けて固定している部分に色を置いている。側面から下側にかけての、分割された板の集合となっているところには、29番 艦底色を主に色をかける。

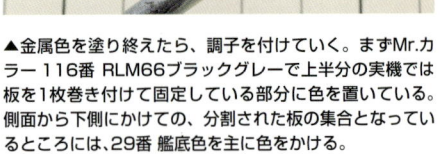

▶さらにブラックグレーを用いて全体の調子を整えていく

ノズル・リーフとフィンガー・シールは焼き色感でアクセント

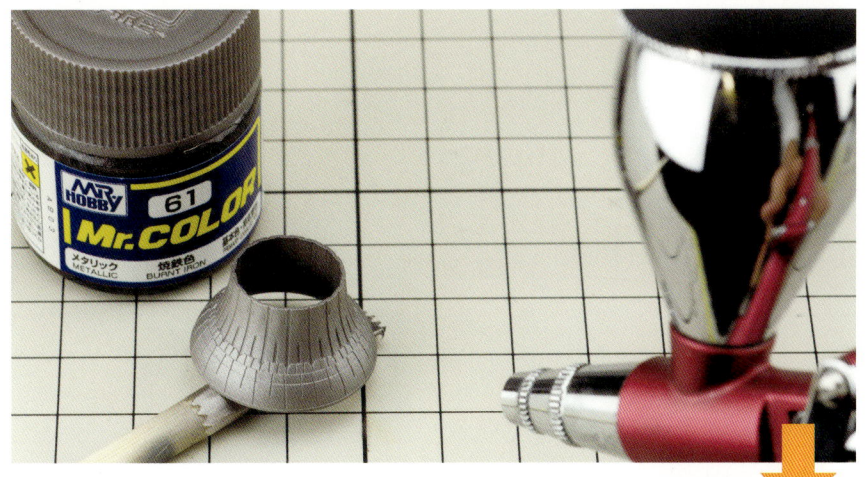

◀ノズル可動部の基本色はシュラウドとは別の色を用いている。Mr.カラー61番 焼鉄色をパーツ全体に吹き付ける

◀金属が高温に曝されると、その温度域によって色が変わり着色される。バイクのマフラーなどに見られる現象だ。ジェット機の排気ノズルでもそれに似た状態のものが、稀にある。実のところは、焼けによる色のグラデーションが顕著にわかるようなことはないのだが、模型的にアクセントをつける記号的な表現法として定着しているようだ。色むらを作ることで、リーフの1枚1枚に変化をつけるため、薄くクリアーオレンジ、クリアーブルーを吹きつけて調子を変える

Mr.ウェザリングカラーのフィルタリキッドで焼け色を差す

エンジンノズルに数色を重ねることで、追加の焼け表現としてみた。結果は上々、より使いこまれたエンジンノズルのような見た目になった

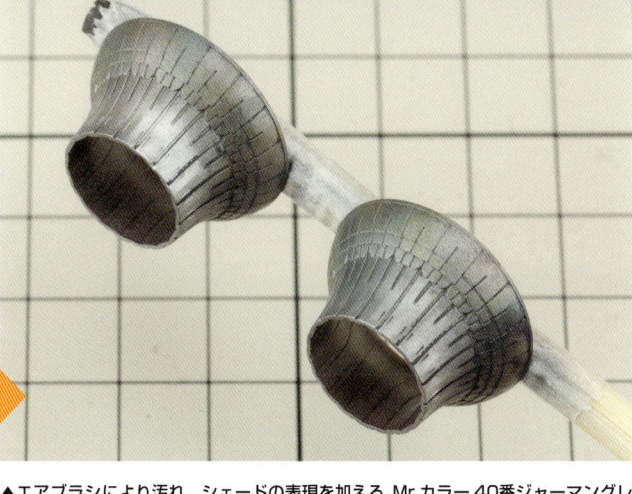

▶ウェザリングカラーを用いてモールドにスミを入れ、各リーフのセパレート感を強調。また実機写真を参考にシルバーなどで、こすれ跡などの表現を加えてもいいだろう

▲エアブラシにより汚れ、シェードの表現を加える。Mr.カラー40番ジャーマングレーを、通常のエアブラシ塗装時にくらべ、倍程度のうすめ液を加え、かなりシャバシャバな状態にまで希釈し、調子を付けながら吹く。金属色部分にランダムに吹きつけることで金属光沢を落ち着かせ、すすけた、使いこまれたような質感とすることができる

ホワイトを各部に吹いたらマスキングを行なう

主翼上面塗り分け境界はエアスポイラー基部。マスクを切るのが効率的

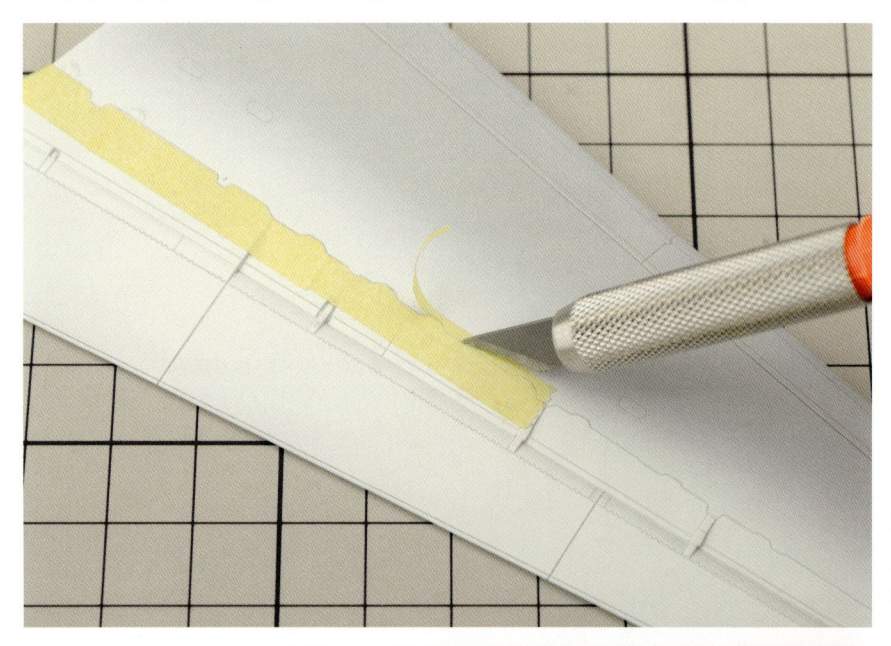

◀主翼の動翼は下面色と同じホワイトで塗ることが規定されていた（前縁スラットは除く）。塗り分け境界はスポイラーのパネルライン。そこで、マスキングテープを貼り、ナイフでスジ彫りをガイドにカットする。紙類は刃の切れ味をすぐに鈍らせるので、常時交換して使用すること

◀カットしたら不要な部分を取り除く。取り忘れのないようにしよう

◀塗料の入り込み、吹きこぼれがないように、動翼部をしっかりマスキングする。動翼部以外の上下塗り分け境界は端部の稜線が目安となる。なお、前縁スラットの正面はナチュラル・メタルの部分があり、それはスジ彫りに沿う形で塗装の境界が得られるので、上面色塗装後に塗る

迷彩の境界は筆塗りとエアブラシ塗装のハイブリッドで

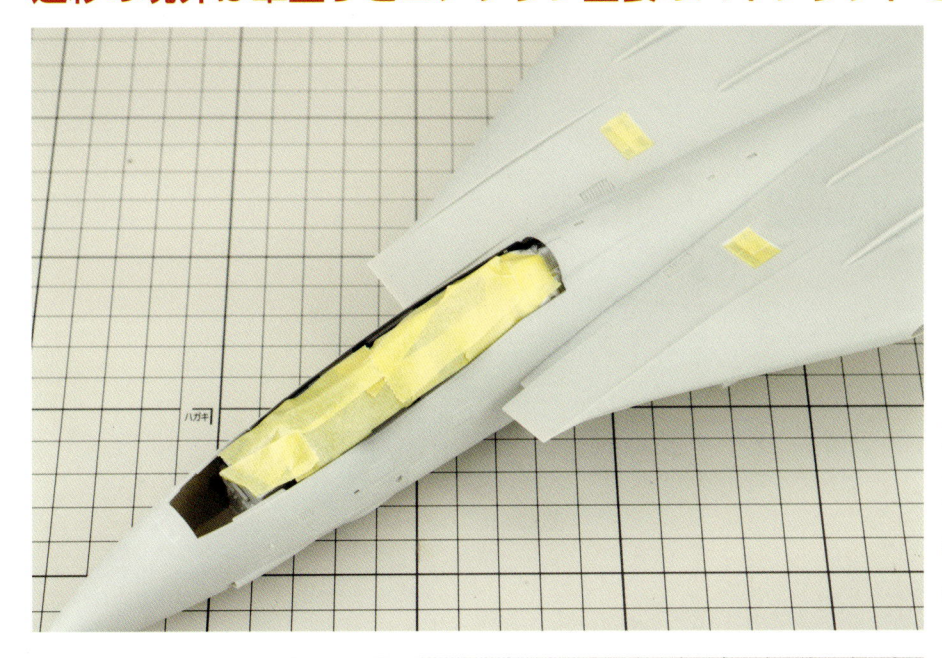

●機体の上面色と下面色の境界は微妙なボケ足をつけてやりたい。ここでは筆塗りで塗り分け境界を描いて、それを目安に塗料をエアブラシことでボケ足が付いた塗り分けをする方法を紹介する

◀塗料が吹き込むと困る部分をマスキングして保護する。コクピットはすでに塗装を済ませており、リタッチなどのリカバリーは難しいため、中に塗料が吹き込まないよう注意深くマスキングしておく

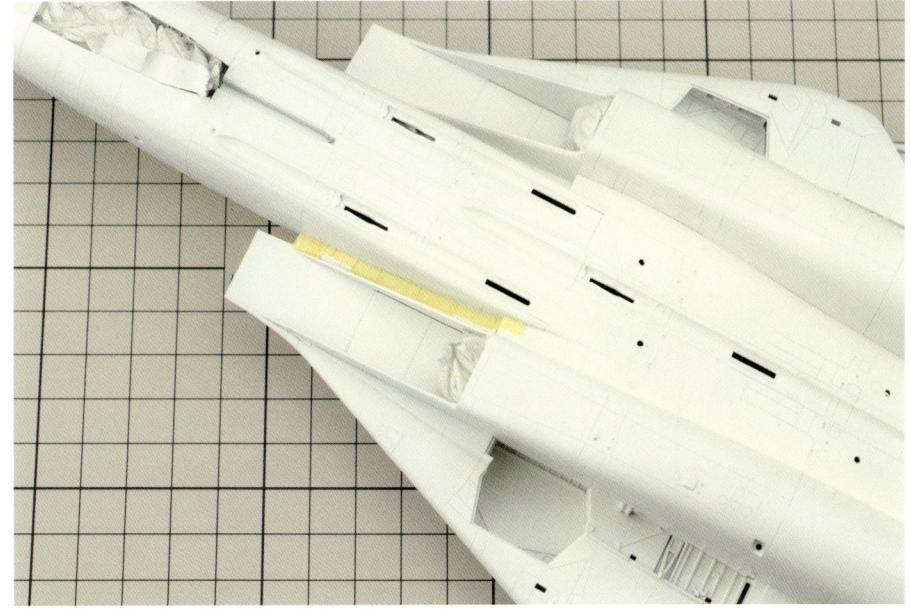

◀機首とインテイク周辺は複雑に入り組んだ構造なので、塗り分け境界のボカシをしっかり想定してマスキングを行なう

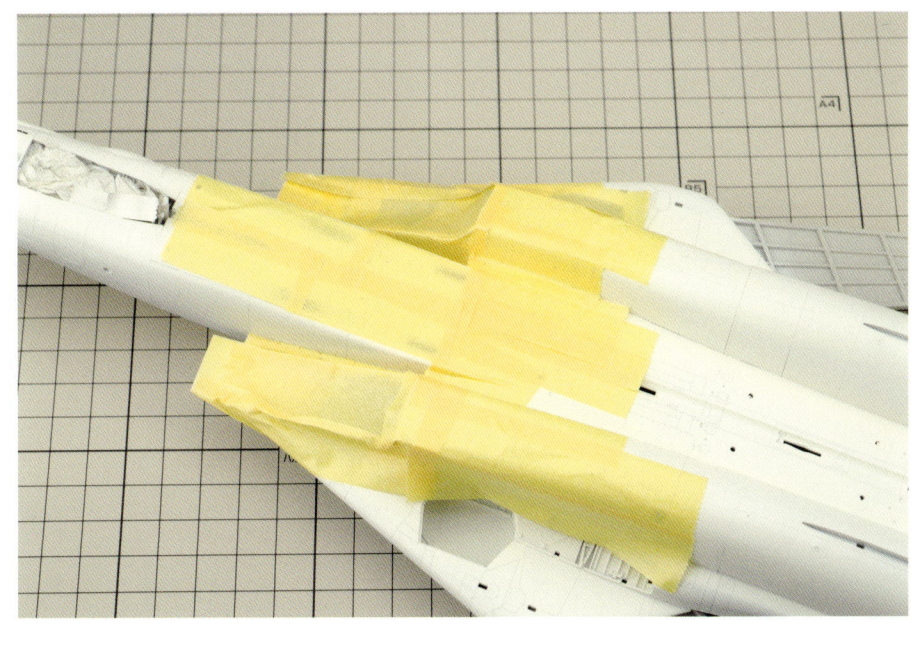

◀一度に機体全体に上面色を塗ってしまおうとせず、パートごとに行なうほうが作業がしやすい。まず機首周辺の塗装を完結させることを目的にマスキングしている

迷彩の境界は筆塗りとエアブラシ塗装のハイブリッドで（つづき）

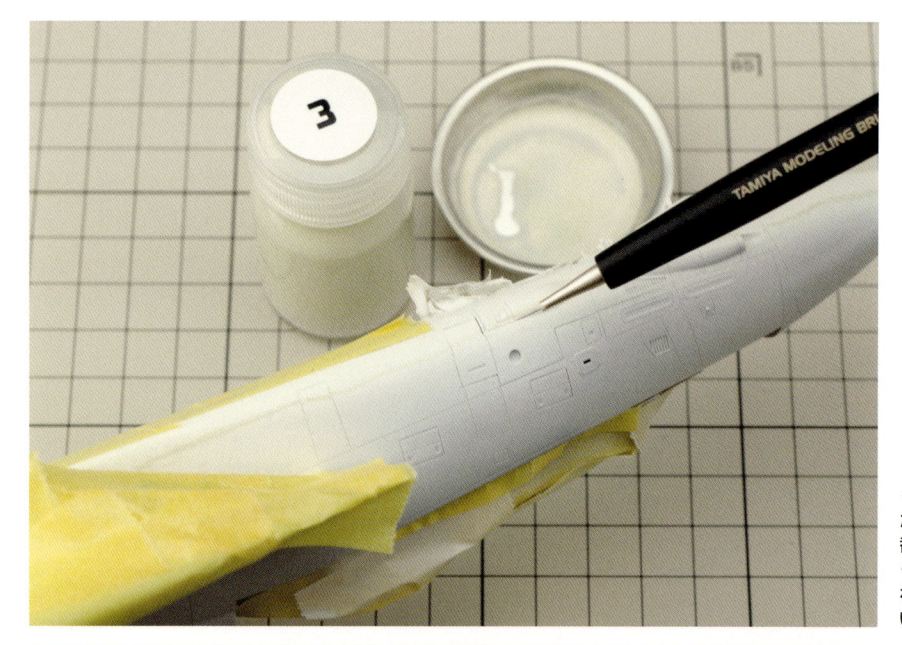

◀上面色と下面色の境界となる部分に上面色（使用したのはモデルカステンのトムキャットカラーセット3番）を用い、筆で線を引くようなつもりでアタリを描く。塗り分け線そのものは規則正しいウエーブで描かれるわけではないので、塗装説明図を目安に記入していく

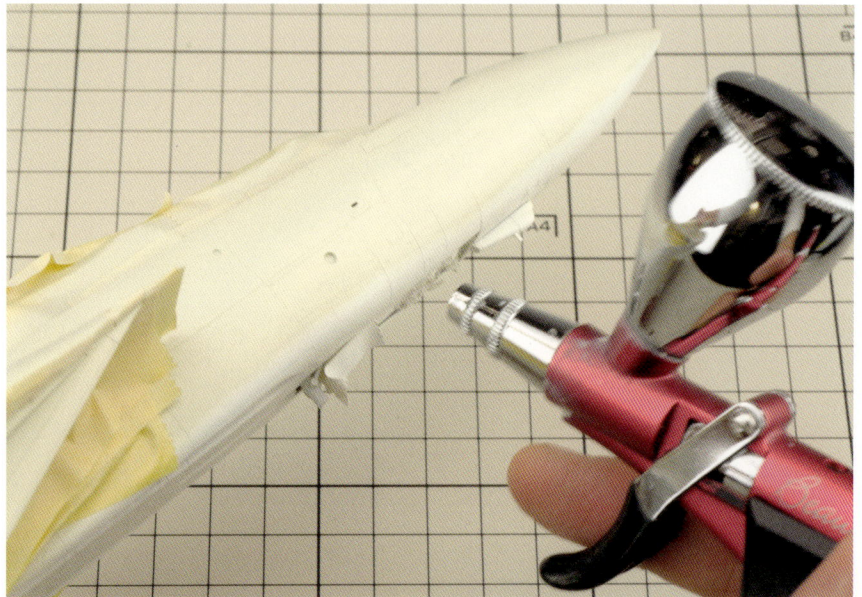

◀次に上面色をエアブラシで塗装する。先に筆で描いた線を目安に、下面側から上面側に向けて吹くとキレイにボカシをつけることができる

◀上面色を塗り終わったところ。深く入り込んだ部分のある形状なので、色のノリが均一になっているかどうか、この段階でよく確認しておくこと。色がちゃんとのっているなら塗料が乾燥してからマスキングを剥がす

吹きこぼれは磨いて落とす

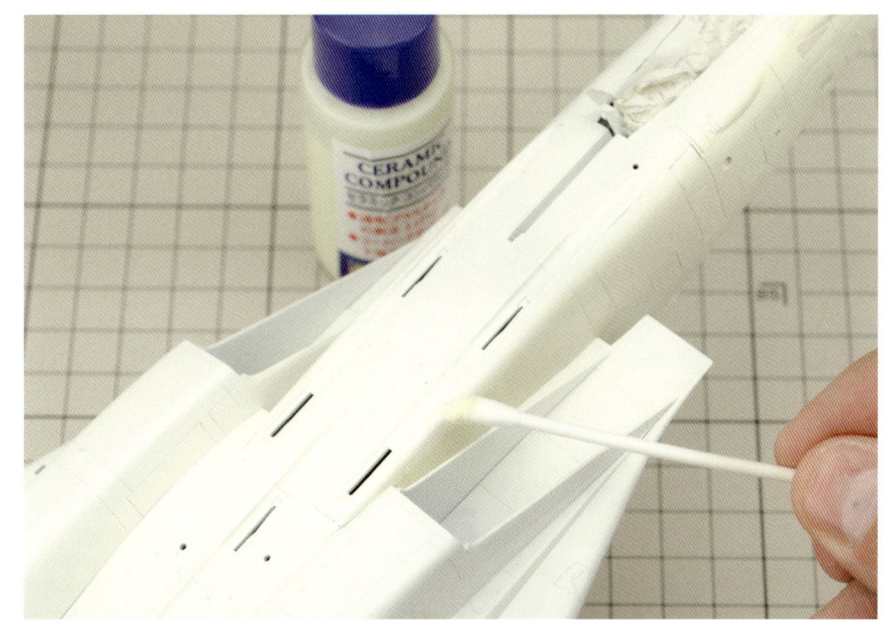

◀エアインテーク周辺などはどうしても上面色が回り込んでしまう。こういう部分はコンパウンドを用いて不要な上面色をこすり落とす。これで上面と下面の塗り分け境界はクリア

同様にウィング・グラブの下面や胴体のマスキング、塗り分けをしたら

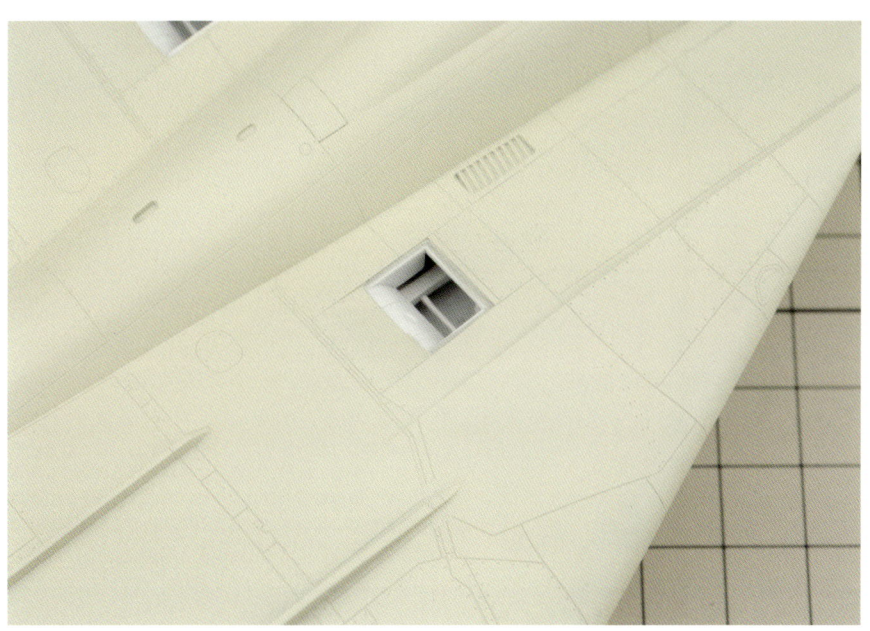

◀胴体部全体に上面色の塗装が完了したらボカシ部分の修正は上述したようにコンパウンドを利用した方法や、状態によっては下面色の白を軽く吹くなどしてリタッチする。左写真のように境界が直線的な状態であれば、筆によるリタッチで修正

◀面相筆で塗料を置くようなつもりで塗る。筆を何往復もさせると下地が動いてしまうので注意。ついでなので書いておくと、白で塗った部分の中央に丸いピン痕のようなものがあるが、これはモールド。実機にもこの丸い凹みは存在している

主翼にも上面色を塗っておく

◀機体上面と同様に翼端部については、筆塗りでアタリをとっておいてフリーハンドで塗り分け境界を作ってもよいが、下面色のホワイトに上面色が回り込まないようにマスキングはちゃんと行なっておくこと

◀色ののりがわかりにくいかもしれないが、塗色とモールド色は、肉眼では充分に確認できる色相差があるので、塗りむらのないように。なおスラットの前端は金属色で、スジ彫りに沿う形になるので前端頂部までしっかり色を置いておくこと

ホワイトを各部に吹いたらマスキングを行なう

作例写真は時系列的に少し前後しているんだけれど……

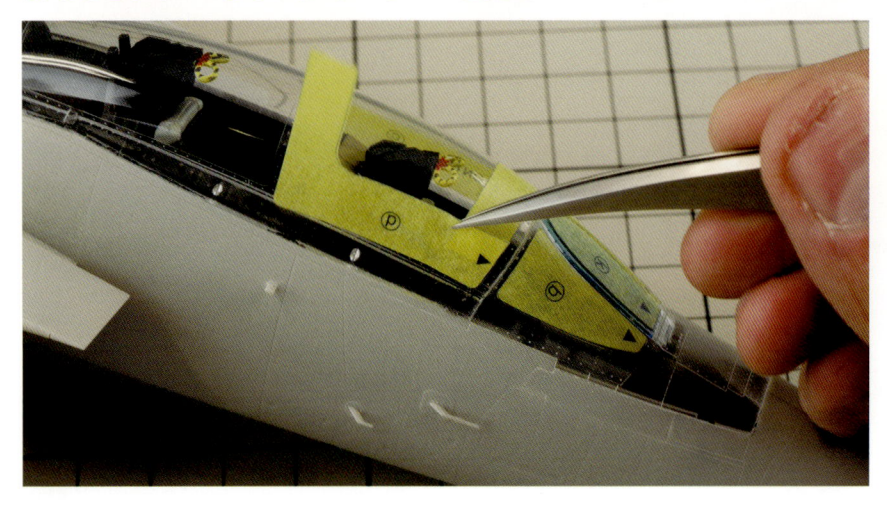

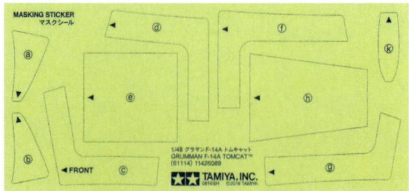

▲◀キットに付属するマスクシールは、ナイフで慎重に切り出す必要がある。問題となるのは内側の塗装の時だろう。可能であればマスクシールの台紙の裏側にマスキングテープを貼って、シールを切り出す時にいっしょに切ってしまうと、それぞれ反転したマスクができる。キャノピー・パーツの肉厚分、内側に貼るにはやや大きいが、ゼロから切り出すよりははるかに作業が楽になる

切り抜いたマスクシールはピンセットを使って位置決めしたい

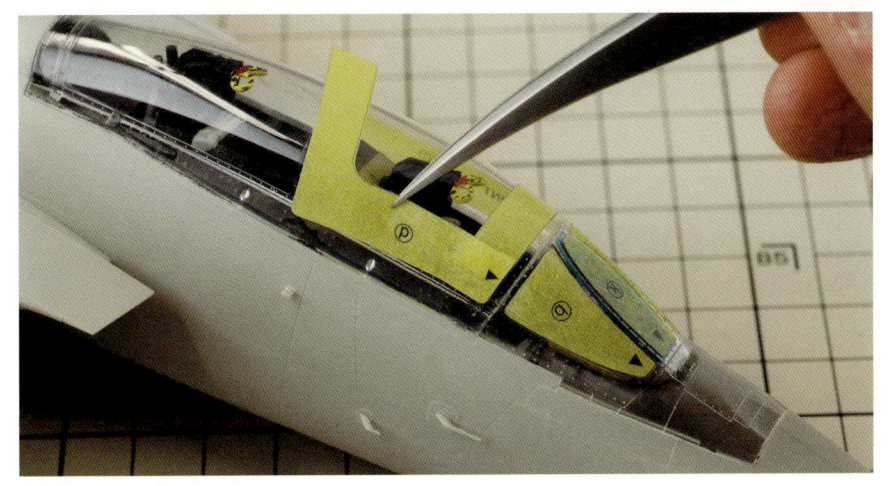

◀切り抜いたマスクシートを貼る際には、完成した機首パーツにキャノピーを仮止めして作業するといい。写真は塗装前の時点でマスクシートを貼付した。仮止めにはピットマルチ・2を用いている。貼るには指で持つほうが作業しやすいかもしれないが、のり面に手脂が付くとシートの粘着力が低下するので、これを未然に防ぐため、なるべくピンセットでセッティングする

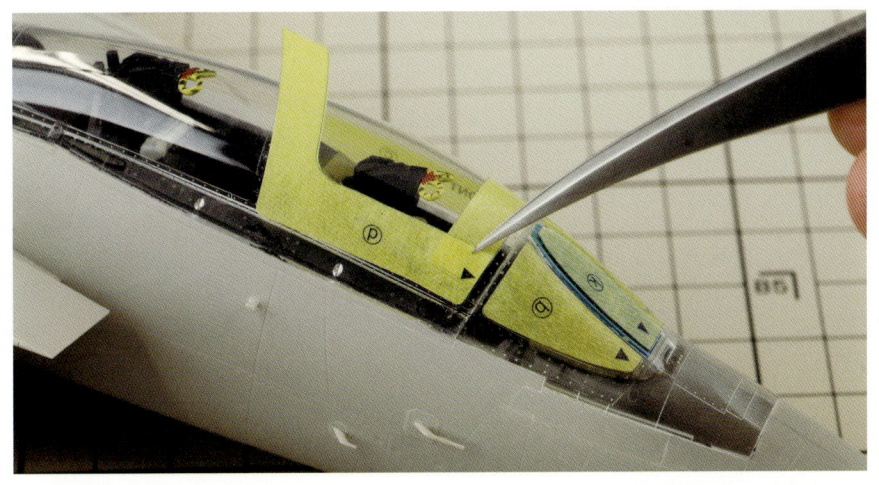

◀コーナーの部分からセットする。これを見てもわかるように、最初の切り出しを慎重に行なうことが必要だ。前角を合わせたら後ろのコーナーを合わせる。マスクのアタリ線は正確だが、貼り剥がしのときに微妙に延びていることもあるので注意。マスクシールをモールドの中に収めるよう注意する

◀付属のマスクシールをすべて貼った状態。内側をマスキングして塗装する場合は、先述したように反転状態で切り出したマスキングテープを、表側のシールを見当にして貼っておく

◀▼マスクシールがオーバーラップしている部分は塗料の吹き込みや、毛管現象で塗料が流れ込む可能性もないとはいえないので、ツマヨウジなどできっちりと密着させ、さらにマスキング・ゾルでシールの継ぎ目、重なり部をふさいでおく

デカールは付属しているけど、アンチグレアは塗装で再現したい……

◀アンチグレアはデカールが付属しているが、塗装が必要なキャノピー窓枠部分との色合わせのためにも、塗装表現のほうがいいだろう。準備するのはデカールをコピーしたもの。等倍、モノクロでかまわない

◀マスキングテープをカッティングマット上に貼る。これがマスクとなる。その上にコピーから切り取った必要部分をマスキングテープで固定

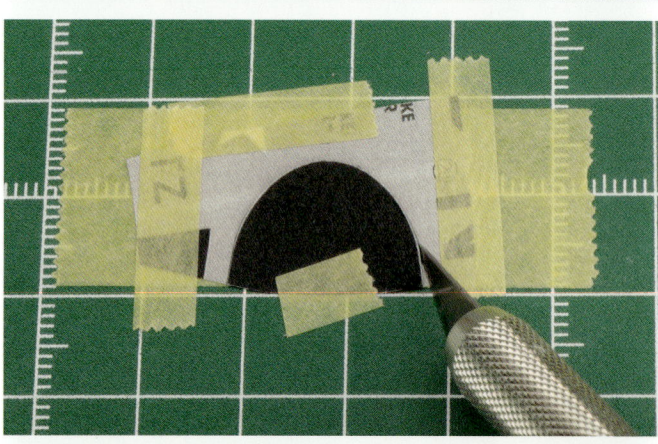

◀コピーをテンプレートにし、絵柄に沿ってナイフを入れ、下にあるマスキングテープを切り出す。内側のテンプレート部分はマスキングの際に位置決め用として使用する

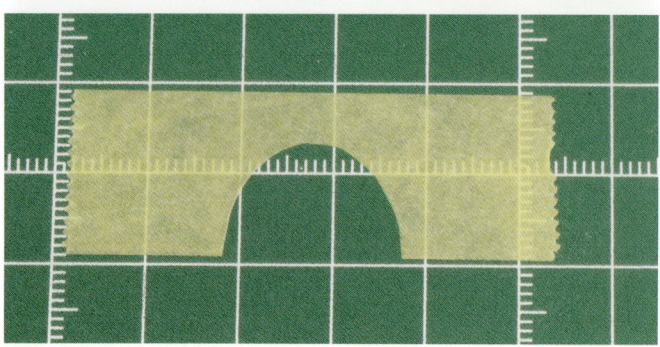

◀カットしたテープ。この部分がマスキングに用いるところ

黒塗装のためには全面を覆うぐらいの勢いでマスキングしておく

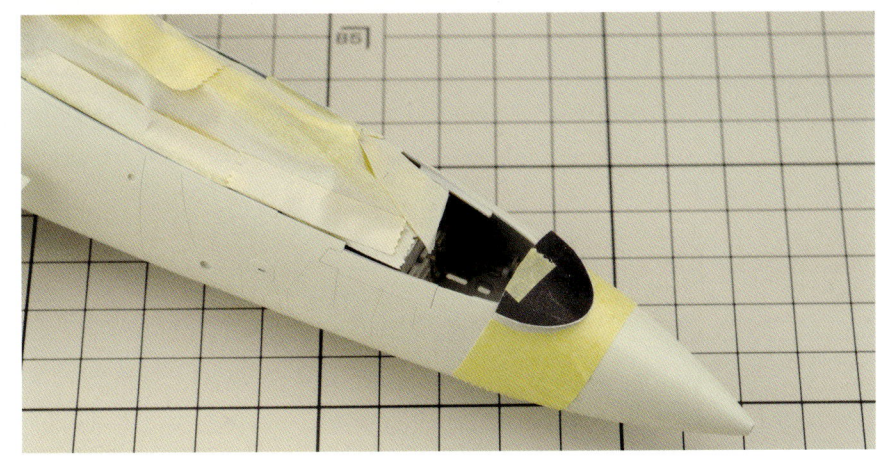

◀切り抜いた内側の部分を見当として用いる。必要ならあらかじめ中心線を引いておくとわかりやすく作業もしやすいだろう。これをアタリにしてマスキングテープを貼る

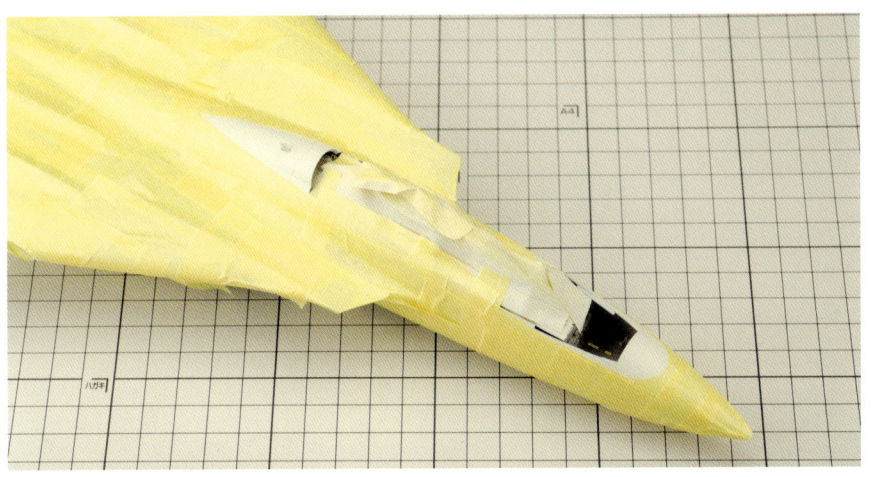

◀コクピット後方のスパイン部分もコピーからマスクを作ってもいいだろう。黒は隠蔽力が高く、吹き込んでしまうとリカバーに苦労することになるので、周辺を多めにマスキングし、テープの接着性に不安がある場合にはマスキング・ゾルで隙間を潰し塗装に備える

◀作例とした"ジョリー・ロジャース"機体の場合、垂直尾翼も黒塗装されている。基部の前方は機体側にモールドされているので、この部分も黒塗装するためマスキングをしておく

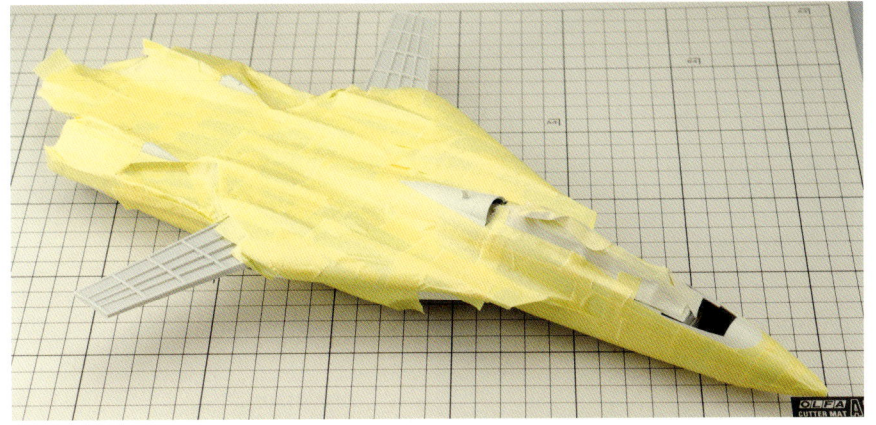

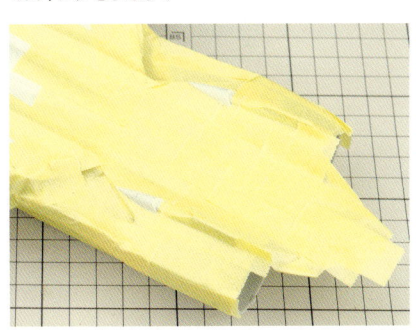

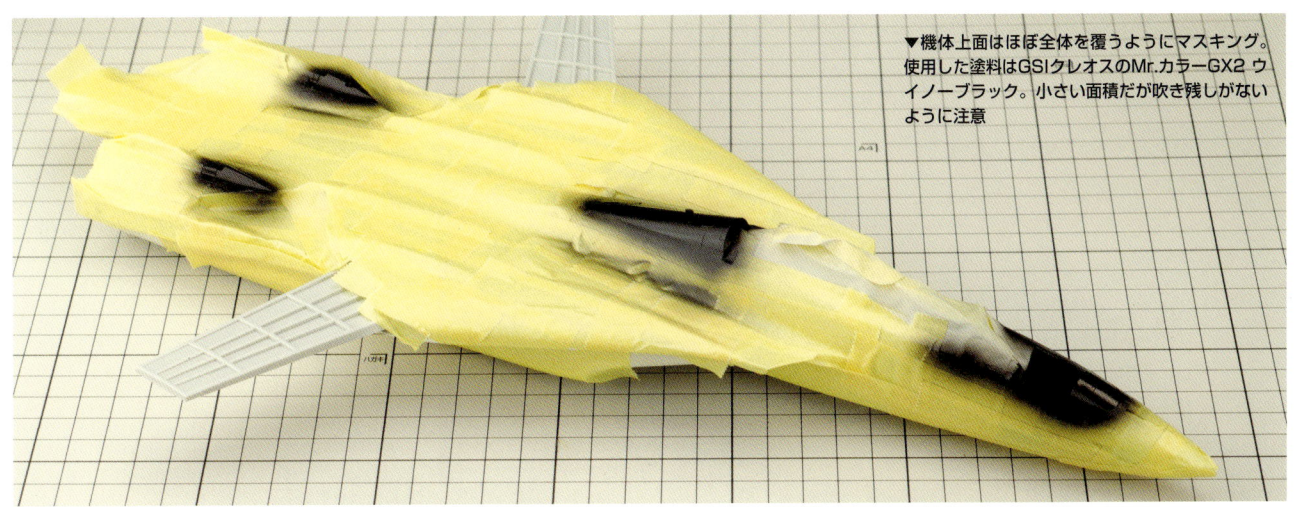

▼機体上面はほぼ全体を覆うようにマスキング。使用した塗料はGSIクレオスのMr.カラーGX2 ウイノーブラック。小さい面積だが吹き残しがないように注意

いよいよデカールを貼る。これが楽しい!?

黒塗装のあと、スラットや尾翼前縁の金属部分をマスキングして塗装、これが乾燥硬化したらいよいよデカールを貼る作業に入る。この年代の戦闘機はF-14に限らず、非常に多くの注意書きが記入されている。タミヤのキットに付属するデカール・シートは、メインとなる機体のマーキング用デカール以外に、コーションだけで1シートが用意され、武装に記入するデカールもきっちりと入る。とにかく分量が多いので効率的に作業できるよう、まず自分が作っている機体には不要なデカールを予めチェック、貼り付けるべき位置と手順を確認してから実作業にとりかかろう

写真は分かりやすいように機番にしているけれど、実際は注意書きからね

◀デカールは面倒でもそのときに貼付するものだけをシートから切り出して使用する。コーション・データなどは細かく、かつ数が多いのでついついまとめて貼ろうとしがちだが、それもやはりひとつずつが望ましい。せいぜい2枚までにしよう

◀このサイズのものがいちばん貼りやすいだろう。写真撮影も比較的容易だしね

◀デカールを水にひたす場合には裏返しに浮かべると台紙が反りにくく、水の染み込み具合もわかりやすい。台紙の反りが少ないのでデカールをスライドさせるときに扱いやすくなる

水から引き上げたデカールを貼る

◀デカールは水に浸けたらあまり水に長く浮かべておかず引き上げて、ティッシュペーパーなどの上におき、余分な水を吸い取ってしまう

◀写真の数字「0」のように中が透明部（ニス部）でつながっている場合、ナイフの先端で空気抜き用のキズを入れておくと、ニス部に空気が残らず貼りやすくなる。また写真の例では「0」のニス部分がAOA検出器にかぶさることになるので、予め切り取っておく

▲所定の位置に台紙ごとデカールを持って行き、ピンセットやツマヨウジなどを使ってデカールを"スライド"させ、模型の表面に置く。ややノリが弱い傾向にあるようなので、貼り付ける場所に予めGSIクレオスのMr.マークセッターを塗ってく。水分があるうちにピンセットでつつくようにして位置を決める。水分が足りなくなって動きにくい時には、筆などで少し水をうってやるといい。デカールとAOA検出器との位置関係に注意。こうした部分はあちこちにあるので、デカール貼付の実作業にかかる前に確認して対処しておこう

位置決めが終わったら、余計な水分と空気を押し出してしまう

◀位置が決まったらMr.マークセッターや水分、空気を押し出し、デカールのしわを取り除く作業に入る。水で湿らせた綿棒を用いるとよい

◀デカールの中央から外に向かって、水分、気泡を押し出すが、綿棒は擦るように使わず、指先で回すようにして押さないと、デカールが破れることがあるので注意しよう

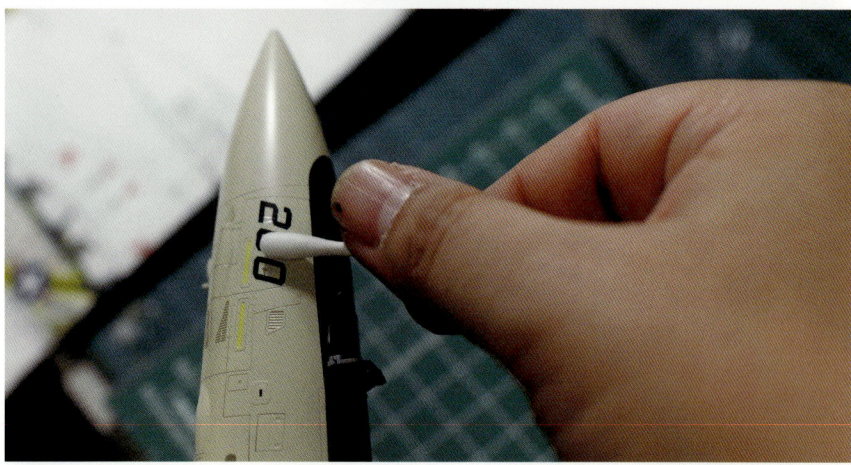

◀Mr.マークセッターには若干のデカール軟化成分を含むので、ミサイルに貼るラインデカールなどに用いると、ラインが伸びたりヨレたりしやすくなる。そういう場合にはモデルカステンの「デカールのり」など、のり成分のみのものを使う

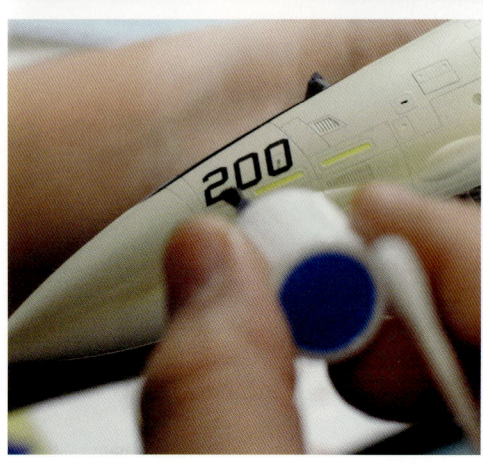 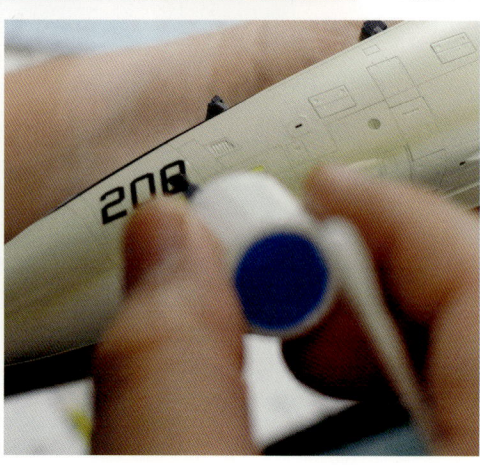

◀細かなモールドの上にかかるデカールも多いので、モールドの凹凸にしっかり密着させるため、グッドスマイルレーシングのデカール剛力軟化剤を塗布している

デカール軟化剤は諸刃の剣、上手に使ってピッタリ密着

◀グッドスマイルレーシングのGSRデカール剛力軟化剤は効果が強力で、塗りっぱなしにするとデカールが溶けてしまう。そのため、塗ったらすぐ綿棒で拭き取ることを忘れずにしたい

◀綿棒で拭き取る時は、擦ってはならない。軽く押さえるようにする。また、綿棒はドライな状態だとデカールをもってきてしまうことがあるので水を含ませて絞り、湿らせたものがいい

◀デカールが乾燥したら、たいていの場合、モールドに密着しているはずだ。もし浮いているとうな所があったら、そこにだけピンポイントで軟化剤を塗り、綿棒で密着させる

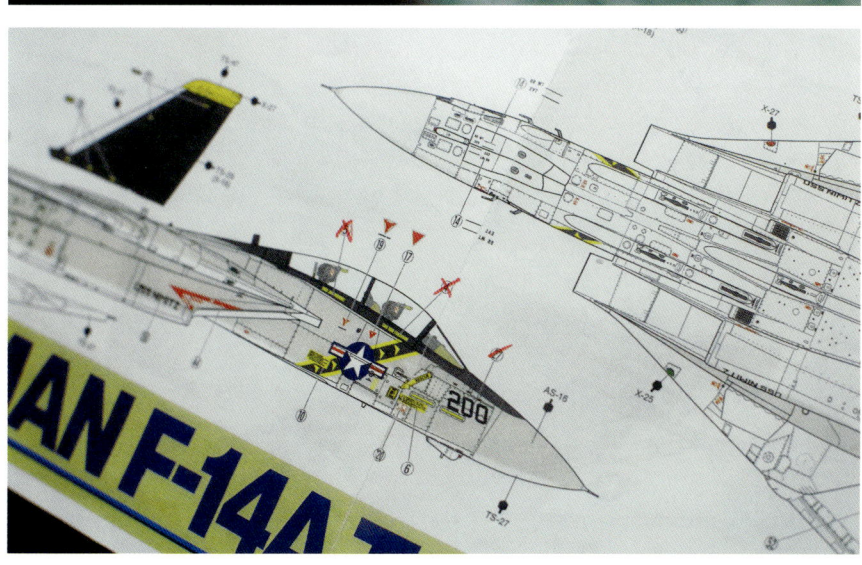

◀デカールの数がたいへん多いので説明図を利用して貼ったものを順次、チェックしていくと貼り漏らしがなく、また貼り間違いも最小限に抑えられるはずだ

話が前後するけれどデカールと塗料の色合わせのこと

垂直尾翼上端は、デカールの文字色にマッチした黄色を探す

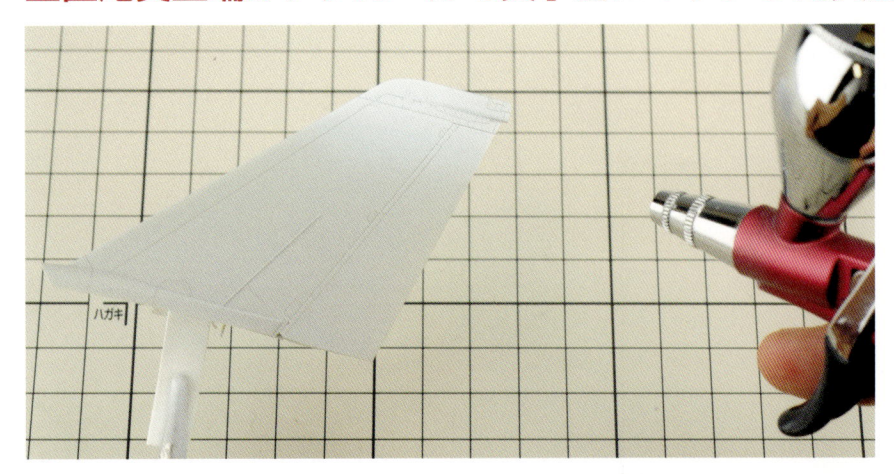

◀黄色の発色は下地に影響されやすいため、まず白を吹いてから黄色を塗装しなければならない。均一に白を置くことが、美しい黄色を得る第一歩となる

●黄色の塗装は薄く何度も吹き重ねることで徐々に発色がよく色味も強くなるので1度吹いてはデカールと色を比較する作業をくり返し、色味を近づけるようにしよう

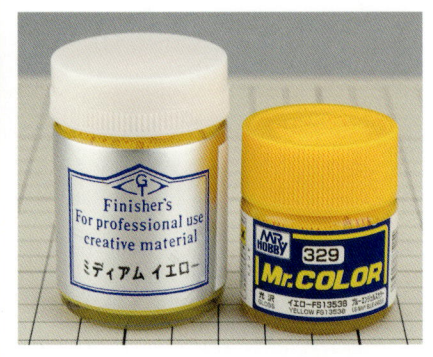

▲部隊マーキングの黄色は、コーションに用いられる黄色（FS13538）よりもやや赤みが抜けた色合いとなっており、デカールでもそのように表現されている（デカールの黄はFS13655に近似）。作例ではフィニッシャーズカラーのミディアムイエローを使用。Mr.カラー329番はFS13538だがやや黄味が強く調色されているようで、翼端の塗装に用いるにはちょうどいい色合いだろう

▲翼端黄色、黒、銀の塗装を終え、デカールを貼付し、これが乾燥・定着したところで、スミ入れとウェザリングの準備として、まずツヤありクリアーで塗装し表面を平滑にする。デカールに生じた少々のシルバリングはこれで消える（吹きすぎには注意する）。つぎにツヤ消しクリアーを吹く。2層のクリアーコーティングで、このあとに施すハードなウェザリングにもデカールは耐える

話が前後するけれど機体色塗り分けのことなど

機首、機体とは逆に塗り分けるのもあり

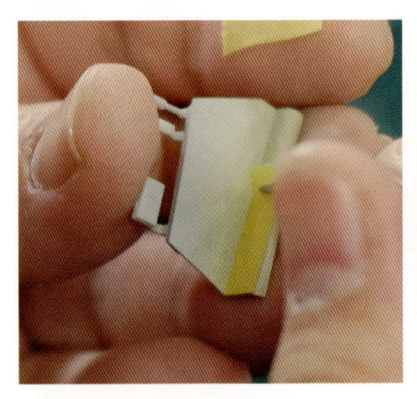
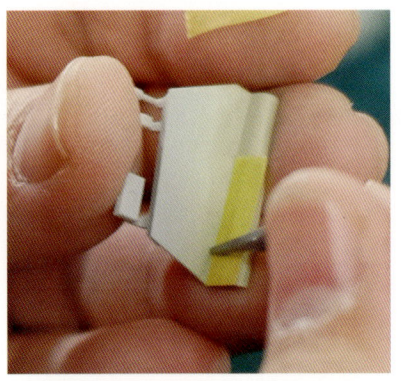

▲機首や機体では塗り分け境界のボカシを行なう関係から下面色ホワイトを塗ってから、上面色を塗っているが、脚庫ドアのなかには下面色と上面色の両方が入るが、境界にボカシをいれなくてもよいケースもある。この場合、マスキングする面積の小さい上面色を先に塗っておき、マスクをしてから表裏にホワイトを塗布すると効率がよい

ノズルのアップデート

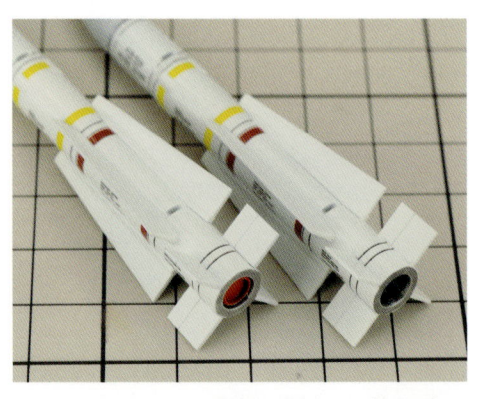

▲フェニックスミサイルの噴射口に嵌めたコトブキヤの丸ノズル〈S〉部分については、赤で塗装しておく。ミサイルのデカールは細分化されており、ストライプの貼付については時間をかけて取り組みたいところ

いよいよ完成に向けてスミ入れ、汚しに入る

パネルラインやリベット、スリットなどの凹モールドにスミ入れする

◀尾翼と同じようにクリアーがけしてデカールを押さえ、ツヤ消しクリアーでツヤを均一にしたところで、全体にスミ入れを行なう。使用した塗料はタミヤ エナメルのXF-63ジャーマングレイ。薄く希釈したものをモールドに流し込むように置いていく。クリアーをかけているので、デカールの縁に塗料が溜まるようなことはない

◀細部については綿棒によって拭き取りを行なうが、広い面積で破損するようなパーツがない部分についてはキムワイプ紙ウエスを使用するとよい。通常のティッシュペーパーでは紙の繊維が残ることがあり、あとの始末が面倒になる

▲きれいに拭き取るとパネルラインがはっきりと見えてくる

▼エナメル塗料の拭き取りは同時に磨きの効果もある。金属色部は少し力を加えて磨くようにするといい

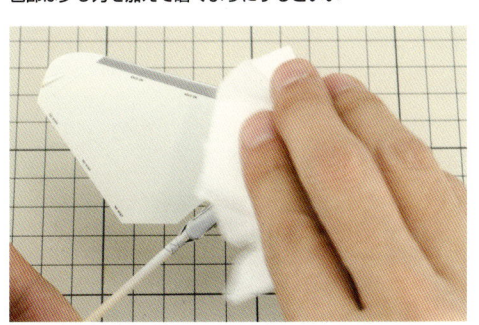

▶黒い部分のスミ入れにはウェザリングカラーのマルチグレーを使用している

アメリカ海軍の艦載機は大陽光だけでなく湿気や潮風にさらされて、ただでさえがっつり汚れるもの。キットの繊細なモールドを引き立たせるスミ入れに続いて、ここからはウェザリングを行なって、使いこまれた雰囲気のF-14を追求していこう。エアブラシを駆使した方法とMr.ウェザリングカラーで描くように行なうもの、二段構えの複合併用ハイブリッド・ウェザリングだ

まずは、エアブラシを用いて "空気の流れ" を感じさせる汚れ、とシェード

◀ラッカー系塗料のジャーマングレー（GSIクレオス Mr.カラー 40番ジャーマングレー）を使用した。通常のエアブラシ塗装で使用する塗料の希釈度に比較すると、その倍くらいのうすめ液を加え、かなりシャバシャバな状態に薄めた塗料（スミ入れに使う塗料ぐらいの雰囲気）を用いる。ラッカー系を用いる理由は、このあとに油性塗料（タミヤ・エナメル塗料、GSIクレオス・Mr.ウェザリングカラーなど）をたっぷり使って、筆塗り／拭き取りの汚しを行なうため

◀薄く希釈しているため噴霧量を意識しないでトリガー（あるいはプッシュボタン）を引き切ってしまうと、多量のシャバシャバ塗料が模型表面に溜まってすぐに空気圧で水のように流れるので注意。可能な限り引き具合をコントロールして細吹きすることが重要。適度な噴霧量の位置にニードルストッパーで後退度を制限するのもいいが、その場合は時々ノズル先端に塗料溜まりなど生じていないか確認しておく。この塗装は機体周囲の空気の流れを意識して線状にさっとひと吹きする。わずかにわかる程度のストレーキによる流れるような汚れの表現に最適

◀飛行時の空気の流れを意識しつつ、ディテールの風下方向、ホコリがたまりそうなキワ、構造体の角隅などを選んでジャーマングレーを吹きつけていく。気流が乱れそうな場所にはぐるぐるとうずを巻くように吹きつけるのも効果的

エアブラシを用いたウェザリングの続き

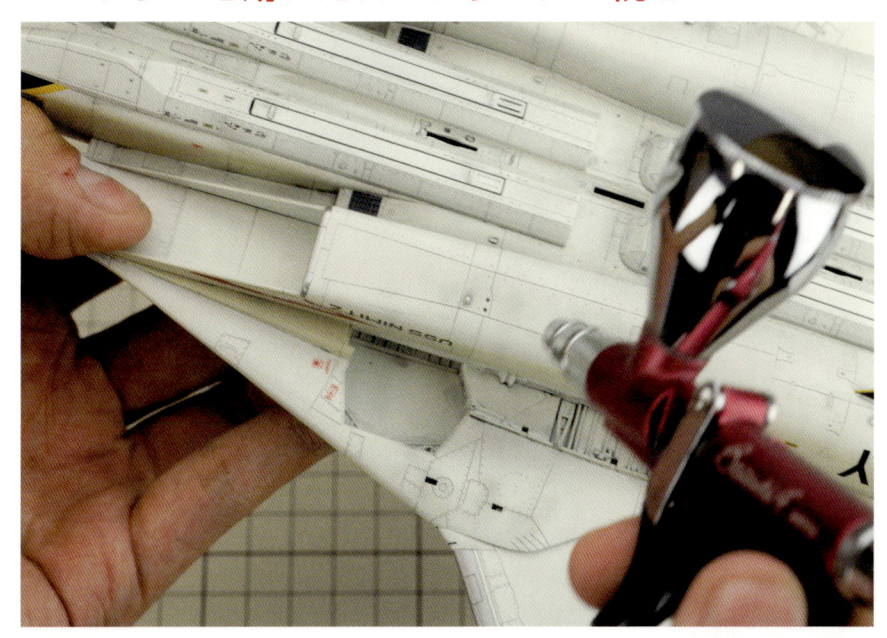

◀凸のモールド周辺はスミ入れのバックアップという役目もあるので、モールドの付け根を狙って吹き付ける

◀大きな構造物が組み合わさった部分の窪んだ角隅はスミ入れの拭き取り時に塗料が残っている度合いが強い。こうした部分を目安にしてエアブラシの強弱（塗り重ねによる発色の強弱）を付けるのもいいだろう

◀機首下面も同様に汚しを描くが、レドームとの境界をある程度意識して塗っておくといいだろう。レドームは機体と材質が異なり、常時メンテナンスや調整の対象であったり、これよりも前方に汚れの元になる構造物がないからだ

エアブラシを用いたウェザリングの続きの続き

◀微妙な凹凸のある部分のシェイドとして陰部分に軽く色を入れるというのもあり。いわゆるモールドの強調はスミ入れやウェザリングの塗料残しによって、モールドの強調が行なえるが、なだらかで大きいバルジの強調にはエアブラシが最適

◀もとより、ストリームラインの汚れはマーキングの上から塗装することで、マーキングと機体の乖離をなくすという効果もある。クリアーを2度塗りしてデカールをコートしたのは、こうした工程を失敗無く行なうためでもある

エアブラシを用いた外装品のウェザリングも行なう

◀外部装備はミサイル、爆弾などの兵装が主となる。これらは言ってみれば"使い捨て"の装備であるため、出撃の度に搭載され、汚れという意味での塗装はしないことにした。が、増槽は訓練などから使用し続けて最後に捨てる、という類いの備品と想定し、機体同様のウェザリングをしてもいい部分とした

エアブラシを用いた外装品のウェザリングも行なう、の続き

◀基本はまず円筒の本体を取り巻くようなリング状の汚れ。そして、フュエル・キャップ周辺にシェード表現を行なう

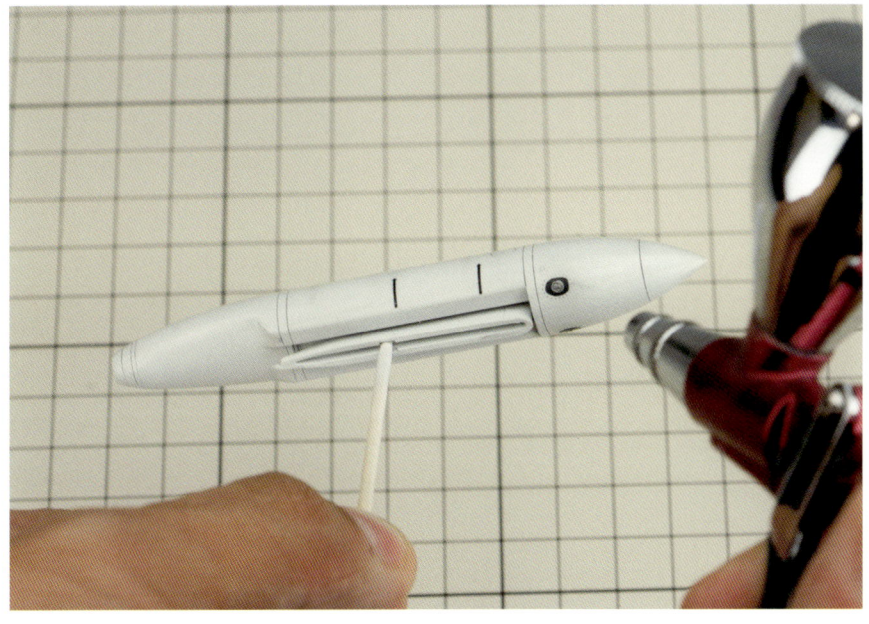

◀フュエル・キャップから周囲に流れるようにうっすらとストリーム・ラインを加える

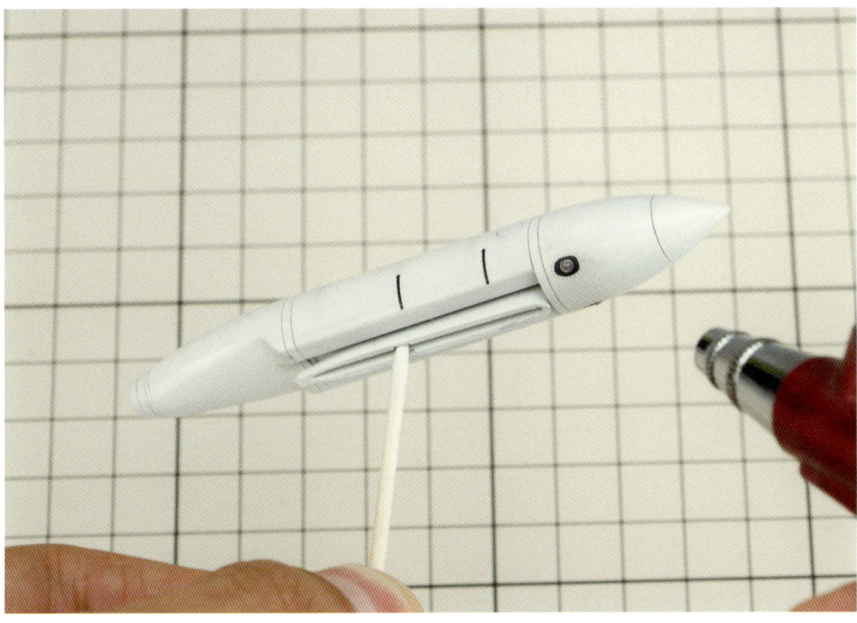

◀さらに全体にも汚れの流れを適宜、描き込む。先端部に塗料の剥げを加えてもいいだろう

いわゆる`60年代特撮プロップ的技法も平らなものには効果てきめん

◀主翼には紙をあてて簡易マスキングとし、フラップ部分のみ追加でジャーマングレーを吹きつけている。空母離着艦時に大きな力（気流）を受けているというフラップの演出、そしてスジが途切れていることで主翼本体とフラップが別パーツであると見せる効果も狙える

◀さらに縦方向にマスクを置き、パネルラインに沿ってジャーマングレーを吹きグラデーションをつけてパネルを強調する。いにしえの特撮用モデル、プロップで使われていた技法、いわゆる「サンダーバード塗り」という感じだろうか

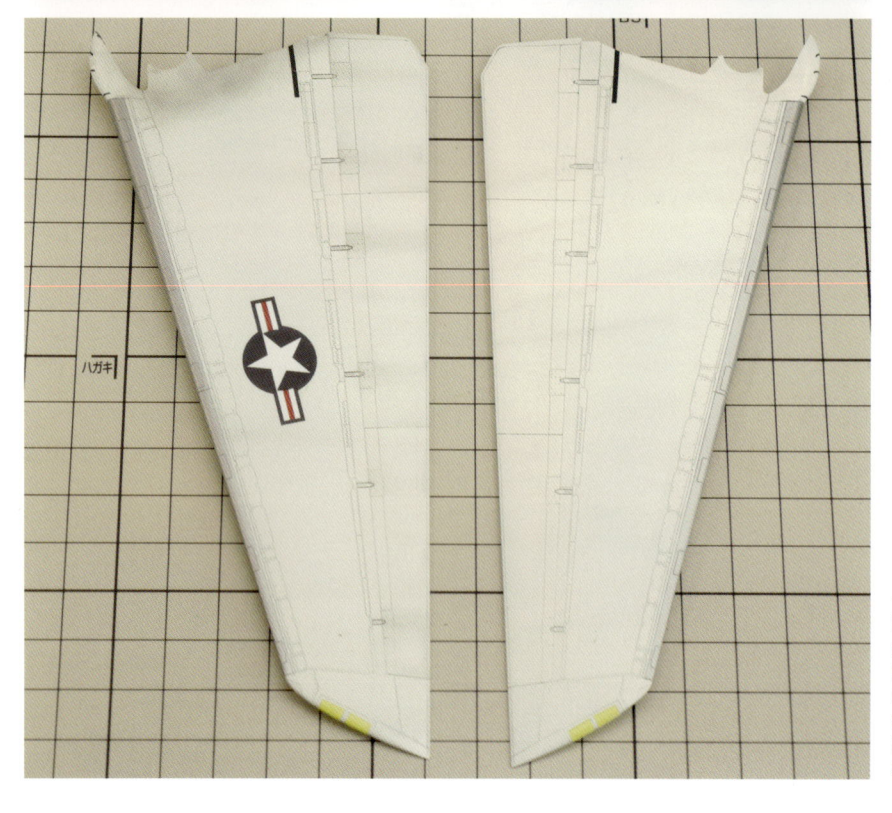

◀主翼下面の比較。写真左（国籍マークの貼ってあるほう）が、ここまでのウェザリング作業をすべて終えたもの、右が作業途中の状態。かなり雰囲気が違っていることがわかる。意外とこの手の汚しはハマるとやり過ぎてしまうので、どこで止めるかがキモかもしれない。なお左のものはここまで説明した以外に、翼付け根部分にススっぽい汚れを追加でエアブラシしている

トムキャット特有の主翼付け根ヨゴレはどう再現すればいい？

●主翼付け根には同心円状の特徴的な汚れやキズが集中する。これは主翼の位置変更時にグラブベーン後縁のシーリングパネルが擦れて付いてしまうもの。これを模型でどうやって再現するか？ ここではまずその"仕込み"について説明する

◀まず主翼を後退位置にしておき、薄めたジャーマングレーをエアブラシでさっと吹きつける

◀翼を展開位置にすると、グラブベーンに隠れていた部分がわかる。この範囲が汚れを入れる場所ということになる。つづきは後のページで！

剥がすという方向の表現（ちょっと荒技）

●整備時にクルーが触れる機体各部のアクセスパネル。その周囲は非常に汚れやすく、またパネル自体は再塗装されたり交換されるなどトーンの変化がおもしろい場所でもある。それを表現する方法はいくつかあるが、作例で使用したのは「エナメル塗料用のうすめ液で、ラッカー系塗料の塗膜をはがす」という方法。まずストリームラインの表現に使った薄溶きジャーマングレーを、砂目吹き気味にさっと吹く。すぐにエナメル系のうすめ液をつけた綿棒でパネル部分をこする！ するとまだ完全に乾燥硬化していないジャーマングレーの塗膜がはがれ、機体上面色が出る。完了すると右写真のようなカンジ。ジャーマングレーをエアブラシで吹きつけたことによる自然なボカシ、綿棒でこすったことによる「整備の際に手でこすった感」が表現できるのがこの方法の魅力。とはいえ下地にクリアーをしっかり吹いてないとデカールが剥がれたり、ジャーマングレーを「表面がしっとり濡れた状態」にまで吹くとアウト（溶剤分が下地を冒し、また塗膜が層として形成されるからだ）

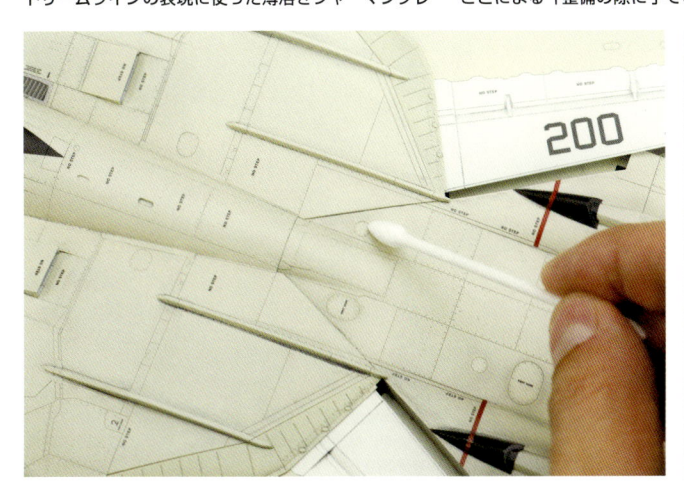

Mr.ウェザリングカラーによるウェザリング

●エアブラシによる下ごしらえが済んだら、つぎは油、サビ、ホコリなどの汚れをMr.ウェザリングカラーで描き込んでいく。「ほとんど汚さない場所をあえて残すことで、汚れた箇所が強調される」という効果を意識して、汚しを加えていこう

▼本書の作例でスミ入れ、汚しなどに多用しているのがGSIクレオスのMr.ウェザリングカラーは色あい、濃度、コントロールしやすさなどで定番となったウェザリング専用マテリアル。油彩ベースということだ

▲Mr.ウェザリングカラーの希釈には専用うすめ液を使うこと。この作業中はしょっちゅう希釈したり拭き取ったりを繰り返すので「希釈したウェザリングカラー」だけではなく「うすめ液」そのものも小皿に入れて用意しておく

パネルを意識しながら、人が頻繁にアクセスする部分に汚しを入れる

◀まず、整備員などのアクセスが多い機体の左側から作業を始めてみよう。常に意識しておきたいのは、緻密で面倒な工程ではあるけれど、パネルラインに囲まれた部分をひとつのユニットとしてとらえ、その集合体が違和感のないパッチワークのように仕上がることだ

◀用いる色は主にグランドブラウンだが、下地にある塗色や、想定する状況に応じた色選び、あるいは混色を行なう

ノン・スキッド・コーティング周辺やエアの排出口周辺も念入りに

◀ウォークウェイを表示する塗料はノン・スキッド・コーティング（滑り止め）塗料が塗られている。ここは地上員が頻繁に踏む部分。それを意識して汚しを加える

◀ウォークウェイは付属のデカールを使用した。この部分は機体色のオーバーペイントやリタッチ、ノン・スキッド・コーティングの塗り直しなどが繰り返し行なわれている可能性があるので、状態を決めて楽しめる部分でもある

◀通常、重力を意識して上から下へと筆を運ぶが、上から下に流れたものは、下の方に濃く溜まる傾向もある。上から下への運筆では下方が薄いボカシになるので、あえて逆の筆運びで下に色が強く残るような方法もありだ

別パーツを意識しつつも機体との汚れの違和感を緩和する

◀別個に塗装し、個々にデカールを貼付したほうが、圧倒的に作業性がよい。しかし、作業的には同じように汚しなどをかけても、別個に仕上げると、全体としての一体感、連続性を欠く場合もある。外装式の装備であるパレットなどはそういう典型だろう。実機でも終始装着しているわけではない別体の外装品なので、別物感を残しつつ、ひとつの機体としての統一した汚れを加える

◀起点になるところに塗料を置いて、そのあとはうすめ液を含ませた綿棒で、ストリームラインを意識して後方に流す

◀上の作業と並行して機体に上下方向に流れる汚れを描き、外装品との合流地点で後方へと流す。これによって、ウェザリングに時間を描くという要素が加わる

Mr.ウェザリングカラーによるウェザリングのポイント

◀薄めたMr.ウェザリングカラーをちょんちょんと汚したい部分にのせていくが、下地の処理としてツヤ消しのクリアーでコートしているため、いったん濃い塗料を塗ってしまうと失敗した場合に落とすことが面倒になるので、汚したい部分をよく狙って塗布

◀筆や綿棒にMr.ウェザリングカラー専用うすめ液をつけて、汚れをボカしていく。周囲となじませるために、先に使った薄く希釈したMr.ウェザリングカラーも併用、さらにうすめ液でボカす。また、スジ彫りのスミが弱いと感じられる場合には、ピンポイントで流し込んでやる

◀面に対するボカシは綿棒にMr.ウェザリングカラー専用うすめ液をつけて、パネルの中央をメインに塗料を拭うようにする

Mr.ウェザリングカラーによるウェザリングは続く

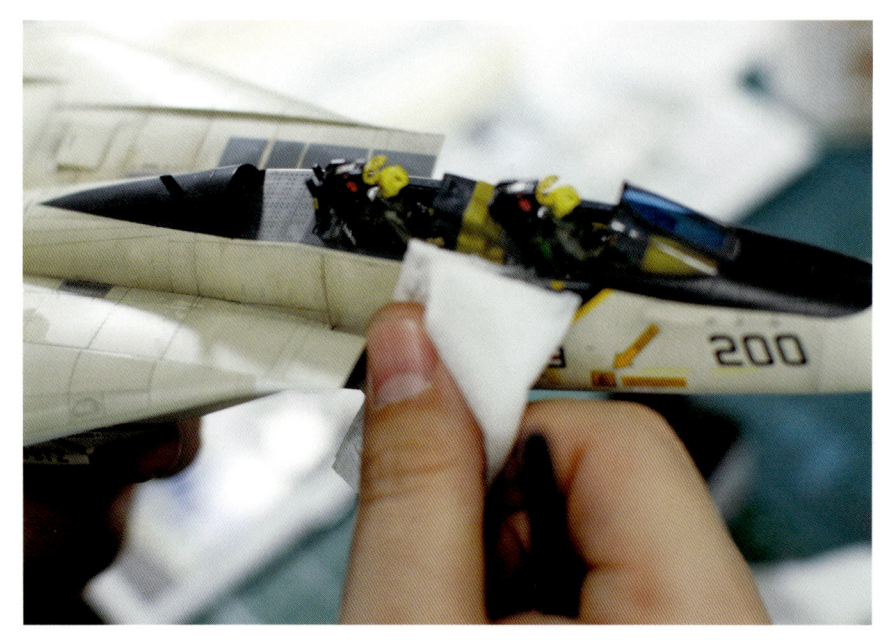

◀大面積をふき取りたい場合は前述したようにキムワイプなどの紙製ウエスの使用がオススメだ。ティッシュペーパーは、微妙な凹凸やディテールに容易に引っかかり、そこに繊維が残りやすいので使用は控えたほうがいい

◀頻繁にメンテナンスで付け外しするようなパネルは、これをとくに意識して汚しを入れる

◀固定に用いられているボルトは六角穴付きなので実機では穴部分が黒く見え意外に目に付く。モールドの凹リベットにやや黒系のグレーを入れてもいいだろう

Mr.ウェザリングカラーによるウェザリングはまだまだ続く

◀広い範囲に均一にベチャベチャとMr.ウェザリングカラーを塗りたくると「泥だるま」になってしまいがち。なので重点的に汚す場所、汚さない場所をつねに意識して作業するが、調子を掴むとルーティーンになってしまいがちなので、この辺の兼ね合いが難しい

◀エアブラシによるシェーディングが難しい部分には、この段階で奥まったモールドにウェザリングカラーでシェードを入れる。ボカシの方法のひとつとして、あらかじめうすめ液を塗布、そこに塗料を濃くしておきたい場所に落とし、うすめ液を含ませた筆で伸ばすというものもある

◀水平スタビレーターは全遊動式で内部には駆動用の油圧器材が入る。常時、熱が加わる部分なので変色などの変化が見受けられる。赤いデカールのある部分周辺はそのような状態を意識したい。またその後方の小さな丸の凹モールドは高温になった冷却空気を放出するためのものなので、ここにも後方への空気の流れが強く出るはずだ

タミヤ・エナメル塗料によるヨゴレ表現の下地作り

●57ページではエアブラシによりシーリングパネルのシルエットを写し取った。これを目安にして円弧を描く独特のヨゴレを再現していこう

◀主翼を機体から引き抜いたら、目安のシルエットを端部に、希釈したタミヤ・エナメル塗料のジャーマングレーで円弧を描く

◀ここでは筆塗り、フリーハンドで行なっているが、より機械的な表現を追求したいのであれば、主翼回転軸中心をプラバンなどで補い、お子様用コンパス（シャープペンなどが入るもの）に筆を固定、同心円をコンパスで描くという方法もある

◀実機の写真などがあればそれをみながら、太い細いを適度に混ぜながら同心円を描く

◀さらにエアブラシで塗ったシルエットの輪郭をトレスするように線を入れておく

タミヤ・エナメル塗料によるヨゴレ表現の中間的展開

◀ジャーマングレーが乾いたら、エナメル系うすめ液をつけた綿棒や平筆などで少しずつ伸ばしてなじませていく。もちろんこの際も「翼の付け根の回転軸から同心円状に広がる」ことを意識しながら作業する

◀筆で伸ばしながら線状に濃く色が残る部分とその周囲の薄いところを作るが、その筆致は必ず同心円から外れないようにする

◀ジャーマングレーの同心円はシーリングプレートの状態で描かれる個々の線の幅が決まるようなので、これも意識して作業するといい

タミヤ・エナメル塗料によるヨゴレ表現の最終的アプローチ

◀綿棒によって広範囲の帯状円弧を伸ばす。線としてよりも濃淡のある扇形の組み合わせによる同心の塗装になる

◀綿棒で拡げていった塗料が薄くなりすぎたら筆で線を入れ直してたればいい。完全硬化乾燥するまでは油性エナメルは自由度が高い

下面側はウェザリングカラーで簡易版

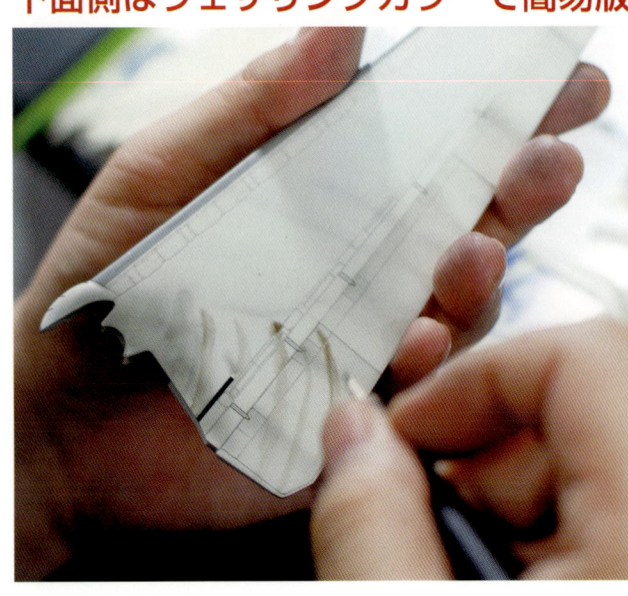

▲裏側は見えにくい部分ということもあり、やや簡易的にMr.ウェザリングカラー「グランドブラウン」のみで作業。Mr.ウェザリングカラーを使用した他の部分と同様に、可使時間に限りがあるようなので手早く作業を済ませる

タミヤ・エナメル塗料によるヨゴレ表現の最終調整

◀主翼を胴体に差し込んで、汚れの流れる方向を確認しながら調整していく

◀さらにシーリングプレートを取り付け、汚れの起点を確認。ボカシの具合や線の強さなどを再度調整していく

◀ほんの少しだけMr.ウェザリングカラーの「グランドブラウン」を重ねて色味を落ち着かせる。これで主翼可動部の汚れ（表側）は完了。さらに主翼上面にスラット後縁から流れる汚れを追加

上面に較べてよりハードな汚しを行なう

◀胴体下面は、上面に較べて強めにウェザリングをかける。もちろん全体にMr.ウェザリングカラーを塗るというようなことではなく、強弱のコントラストをより強くつける、ということを意識して作業するということだ

◀下面でとくに汚れやすいのがエンジンの周辺で、それも「NAVY」の文字の上下に走る赤いライン（タービン・ライン）よりうしろ側はとくに顕著なようだ。なのでここはウェザリングカラーの「グランドブラウン」と「マルチブラック」の併用でがっつりとウェザリング

◀エンジンナセル下部の中心線あたりも雨だれがたまったような汚れが付いていることがある。かなり薄めに溶いたMr.ウェザリングカラーをちょんちょんと置いて、天地を正位置にして放置、そのまま乾燥させることでシミ表現がそれらしく仕上がる

放熱、排気口、燃料、グリス、汚れの元は下に流れる

◀エアブレーキの周辺にも汚れを描き込んでいく。エアブレーキ本体とそれを囲む周辺パネルとでトーンを変える、ということを意識すれば「これは別パーツで、しかも動くのである」ということを強調する表現ができるだろう

◀さらに「ラストオレンジ」をエンジンナセルの周辺に少し加えていく。軽合金や複合材料でできた飛行機に鉄サビ色はヘンだと思うかもしれないが、実機写真を見るとこのあたりに明るい汚れ色があることもあるので、やってみた

◀いかに取りつけダボが大きかろうと、機体から大きく飛び出した脚庫扉は、エルボーヒンジ部分はスケールサイズになっているので、ハードなウェザリングをすると破損しやすいもの。ウェザリングがひと段落したタイミングで取りつけていく

最終アッセンブルに向けて最後の仕上げを

アンチグレアとウォークウェイ

●もとが黒いアンチグレア部、人がしょっちゅう踏むウォークウェイ（左インテーク上のグレー）部にはMr.ウェザリングカラー「サンディウォッシュ」を使ってホコリを被ったような演出を加える。利きの良い強めの発色をする塗料なので、ごく薄く塗り重ねる

主翼基部の汚れ、後退位置での調整

▲主翼を後退位置にしたとき、シーリングパネルからはみ出している汚し塗装をトリミングする。まず綿棒にタミヤ・エナメル用溶剤を含ませ、これではみ出した塗料を拭き取る。最後は全体に伸ばすようにしながら紙ウエスで余分な塗料をぬぐい取ってしまう

●このあと、細かな塗り残し部分などに色を差しておく

パレット、パイロン、武装、脚、脚庫ドアを固定する

各パーツは精度が高いので嵌合がきつい場合は接着部の塗料を剥がすこと

●各パーツは工夫を凝らした嵌めあわせ部が設けられており、接合、接着に不安はない。しかし、塗装によって接着部に塗料が厚くのっていると精度の高い分、嵌合がきつくなることもある。こんなときは、無理に嵌め込もうとせず、接着部の塗料をナイフなどで削り取ってから接着するようにしよう

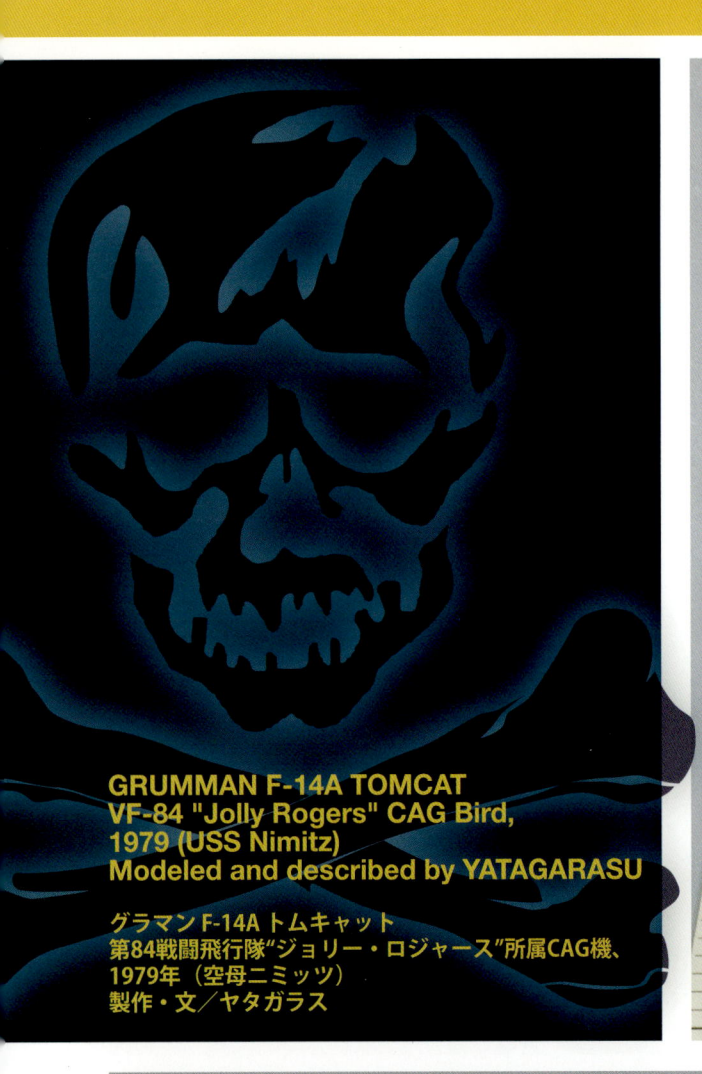

GRUMMAN F-14A TOMCAT
VF-84 "Jolly Rogers" CAG Bird,
1979 (USS Nimitz)
Modeled and described by YATAGARASU

グラマン F-14A トムキャット
第84戦闘飛行隊"ジョリー・ロジャース"所属CAG機、
1979年（空母ニミッツ）
製作・文／ヤタガラス

●最終アッセンブルを終えた状態。ここで不備が見つ
かったとしても、各ユニットを接着していなければ、
リカバリーも容易だ

●パーツの精度が高く、またある程度ユニットごとに完成させることまで見込んだ設計なので個々に組んで塗装まで済ませ、ウェザリングも完了した状態までもっていける。最終アッセンブルも、収納の必要性があれば主翼未接着でも完成させることが可能なキットだ

F-14A Tomcat
VF-84 "Jolly Rogers"
CAG Bird, 1979 (USS Nimitz)

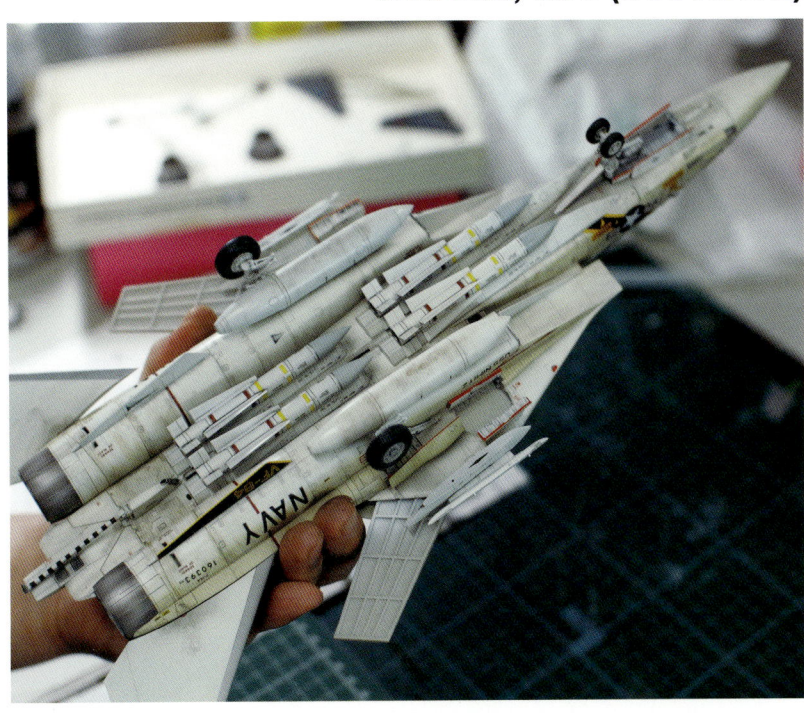

ロービジの "ジョリー・ロジャー" 機を作る

●レドームは退色表現が中心、機体は油汚れやサビ汚れを追加することで樹脂製のレドームと金属製の機体の質感の違いを表現した

F-14A トムキャット "ジョリーロジャース"
USSセオドア・ルーズベルト 1986

タミヤ1/48 傑作機シリーズ No.114
1/48 グラマン F-14A トムキャット
定価（本体7800円＋税）

製作・文／**久保憲之**
（模型工房A-Z）

Grumman F-14A Tomcat "Jolly Rogers"
USS Theodore Roosevelt 1986
Modeled and described by Noriyuki KUBO

F-14A Tomcat "Jolly Rogers"
USS Theodore Roosevelt 1986

タミヤのキットの付属デカールで製作可能なアメリカ海軍機は2機種だが、いずれも1970年代のマーキングで、海軍機らしさ全開のハイ・ビジビリティ機体が選択されている。1980年代後半から導入されるようになった低明視性・低視認度重視のロー・ビジビリティ塗装だが、F-14Aが実戦で活躍したエピソードはたいていがロービジ塗装に切り替わってからのこと。色味は地味だけれどロービジ姿のほうがより「強力な兵器」としての存在感と迫力は大きい。さまざまなメーカーからデカールは発売されているけれど、作例はモデルカステン製のものを使用、ロービジ版F-14Aを製作した。

F-14A トムキャット
"ジョリー・ロジャース"
USSセオドア・
ルーズベルト 1986
製作・文／久保憲之（模型工房A-Z）

実機は2006年に退役してしまいましたが、いまだに根強い人気を誇っています。2016年11月に発売されベストキットといっても過言ではないタミヤのF-14Aと、モデルカステンから発売されている「F-14Aトムキャット"ジョリーロジャース"ロービジVer.」を組み合わせてロービジ版として製作しました。

このキットはパーツ精度が高く、ほぼすり合わせが不要、どんどん接着していき接着剤が乾燥したらヤスリを軽く当てて整形するだけでカタチになります。

コクピットのディテールアップはシートベルトをファインモールド製の「ナノ・アヴィエーション」NC7で追加したのと、グレアシールドのキャンバス部分をティッシュペーパーで布地っぽさをより引き立たせたのみ。あとはキットのままで、繊細なディテールを台無しにしないよう、ていねいに塗装していきます。本キットでは機首にオモリを入れなくても尻もちをつかない絶妙な設計になっていますが、もし製作後半になって「エンジンパーツをレジンキャストパーツに置き換えよう」と思いたったらその限りではありませんので、念のためにオモリは入れておきます。バルカン砲口パーツB11はうっかり取りつけを忘れやすいので注意してください。

胴体部は装備ウェポンによって隠し穴の開口指示が違ってきます。また、パーツを切り欠く部分やモールドを埋める指示もありますので、ひとつひとつ確認しながら加工してください。脚柱は前脚、主脚とも実機資料を参考に各配管を金属線などで追加し、伸縮部はハセガワのミラーフィニッシュを貼っています。

空対空ミサイルは3種類とも2型式用の部品が一枠の中にありますので、使用部品を間違わないように注意してください。

組み立てが終わったら、下地としてGSIクレオスのMr.サーフェイサー1000を吹いてから1500番の紙ヤスリを軽く当てて、機体表面を平滑にしてから本塗装にかかります。塗装にはすべてGSIクレオスのMr.カラーを使用し、まず、黒の細吹きでパネルラインや陰部分を塗ります。そして機体色はロービジ単色（グレーFS36320）になりますので、うすめ液で希釈した基本色を、まずはブラック部分を残すように吹いてから、完全に黒を塗りつぶしてしまわないように確認しながら同じ基本色でオーバーコートしていきます。

基本塗装ができたら、ウェザリングを施しますが、塗装の参考として『エアモデル・ウェザリングマスター 林周市の世界』（大日本絵画／刊）を参考にしつつ、我流も取り混ぜた手法にて進めていきます。まずは基本色に白を入れた明色（今回はさらに白を入れた最明色も）と黒を

ハイ・ロー基本色ならこれ

■トムキャット カラーセット
（発売中 各15ml 税別1600円）

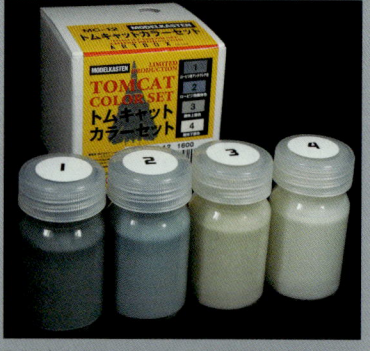

F-14トムキャットのハイビジ用基本色2種、ロービジ塗装用迷彩色2種の4本セット（ロービジ用アンチグレア色／ロービジ用機体色／ハイビジ機体上面色／機体下面色）

●主翼が前進位置になると膨らんで胴体とのすき間を埋める空気バッグは、主翼とこすれ合う部分がどんどん薄くなり、作動油などの汚れが付着することで褐色に汚れていく。各種ウェザリング塗料による表現とともに、下層に汚れた色を塗り、Mr.シリコーンバリアーを塗布してから上層にゴム色を塗装、紙やすりなどで上層の塗料を実際に剥がす「シリコーンバリアー剥がし」表現なんかも効果的

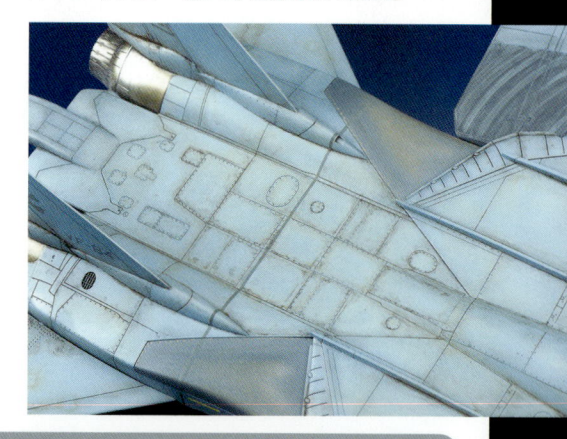

作例で使ったロービジデカールはこれ

■スケール・アヴィエーション・デカール
1/48 F-14A トムキャット "ジョリーロジャース"
ロービジ Ver.
（発売中 水転写式デカール 175×125mm
税別1500円）

●モデルカステンから発売中の1/48 F-14Aトムキャット用ロービジデカールはスカル＆クロスボーンのマークで人気の"ジョリー・ロジャース"機体を選択している。1986年アポロ・ソーセック海軍基地「AJ200」、1994年アポロ・ソーセック海軍基地「AJ201」、1986年空母セオドア・ルーズベルト搭載機「AJ212」の3機体となっている。日本製で、精細な印刷により細密なコーション・ラベル文字の再現性も高く、透明なニス部分は小さいので貼付後も目立たない。貼りやすく発色もよい

Grumman F-14A Tomcat "Jolly Rogers"
USS Theodore Roosevelt 1986
Modeled and described by Noriyuki KUBO

加えた暗色を用意してパネル中心に明色を吹く退色表現やパネルラインなどに暗色を吹く汚れ表現などを施していきます。また、最明色で機首上面や主翼・胴体上面をランダムに塗り、塩マスキング（塩の粒を利用した、ウェザリングのためのランダム性の高いマスキング方法）をして基本色を上吹きして塩害退色も再現してみました。胴体後部や機首まわりを中心に、マスキングゾルをランダムに塗ったあと、希釈したスモーク色をライン吹きして補修塗装痕などを再現しました。

ここまで終わったら、デカールを貼って光沢クリアー、ツヤ消しクリアーの順で塗布し表面を保護します。さらにエナメル系塗料のこげ茶でスミ入れ、GSIクレオスのMr.ウェザリングカラーでさまざまな汚れや補修痕を再現、やりすぎたと思ったら基本色を希釈したものでオーバーコートしたりと、行きつ戻りつでウェザリングを施し仕上げのツヤ消しクリアーを施して完成です。

●機首上面などには「塩マスキング」で退色表現を施した。これは塩の粒をパーツ上にパラパラと撒き、エナメル系うすめ液などで仮固定、その上からラッカー系塗料を吹き付けることでランダムな汚れを表現する方法。塩でマスキングされた部分の境界が比較的くっきり出るのが特徴で、F-14トムキャットのような艦載機の「塩害」表現に向く

F-14A Tomcat "Jolly Rogers"
USS Theodore Roosevelt 1986

●コクピット横、エアインテーク上にあるウォークウェイには滑り止め処理が施されているのだが、この部分は劣化しやすいのか、修復の優先度が低いのか、ボロボロになった実機写真が多く見受けられる。ボロボロになった滑り止めの立体感を表現するため、毛先の硬い筆に薄く希釈したパテ（ポリエステルパテ、ラッカーパテどちらでも可）を含ませ、叩くように塗りつけることで表現している

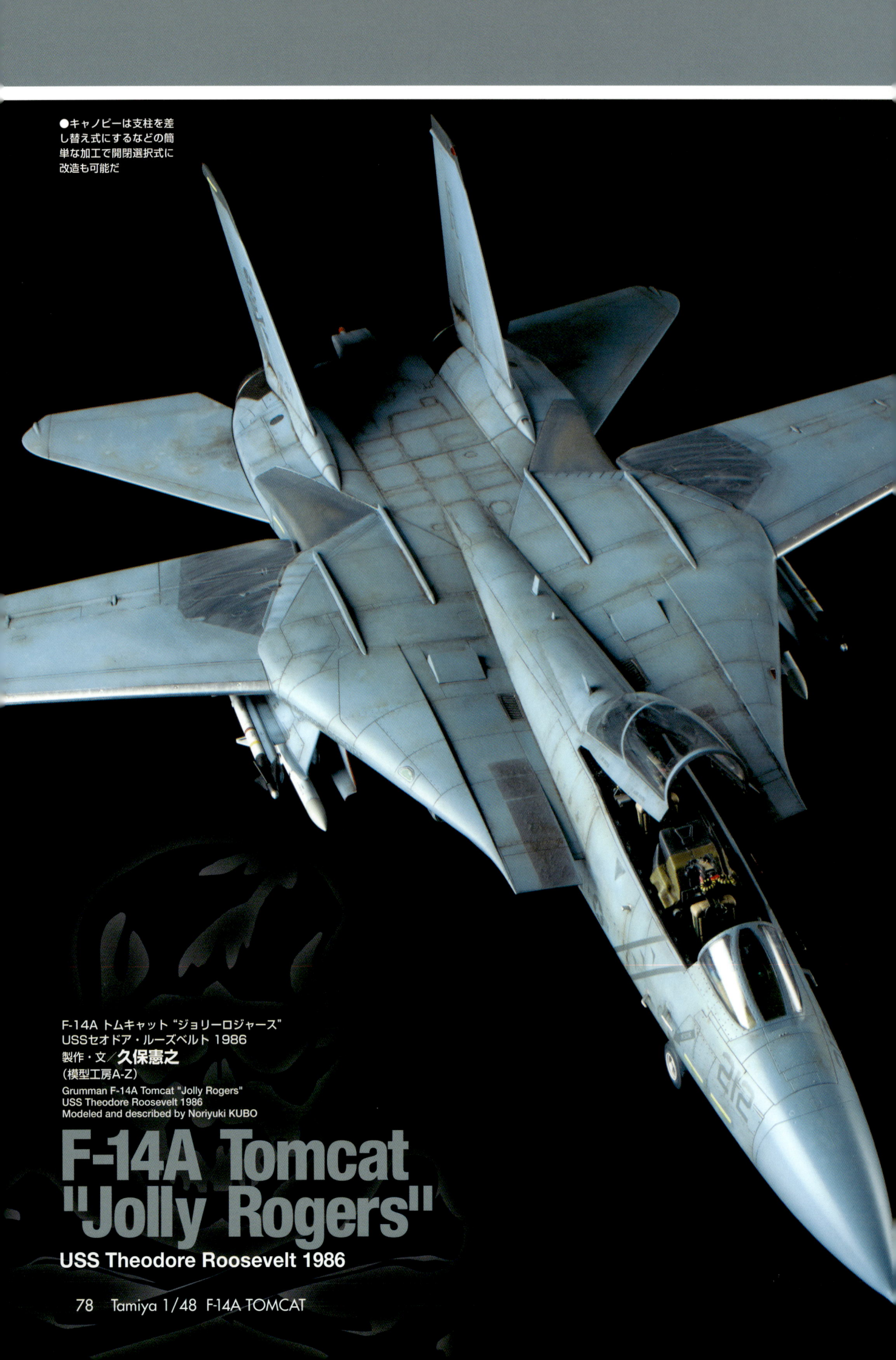

●キャノピーは支柱を差し替え式にするなどの簡単な加工で開閉選択式に改造も可能だ

F-14A トムキャット "ジョリーロジャース"
USSセオドア・ルーズベルト 1986
製作・文／久保憲之
（模型工房A-Z）
Grumman F-14A Tomcat "Jolly Rogers"
USS Theodore Roosevelt 1986
Modeled and described by Noriyuki KUBO

F-14A Tomcat "Jolly Rogers"
USS Theodore Roosevelt 1986

●キットでは主翼と胴体のすき間を埋めるエアバッグ、シーリングパネルが差し替え可能で、完成後も主翼前進状態、後退状態どちらも楽しめる。なお主翼の最後退位置は戦闘時の68°までではなく、空母収納時の75°まで後退させることが可能だ。また水平尾翼にはポリキャップも内蔵されており、こちらも完成後も可動

●武装はAIM-54フェニックスの搭載数を2本に抑え、かわりにAIM-7スパローを胴体中心に装備した中距離重視の艦載機空対空戦闘仕様とした。F-14Aでは長射程のフェニックスミサイルを4本搭載した長距離迎撃重視の兵装搭載パターンが多く、この仕様は比較的珍しい

AFVモデルのような退色表現を調味料に中東の猛者、ペルシャ猫を作る

F-14トムキャットのインジェクションプラスチックキットはあまたあれど、いつでも買うことができる通常商品でイラン空軍仕様のデカールが同梱されている製品は、じつはタミヤの1/48キットが初だったのだ！イスラム革命によって情報がシャットアウトされ、神秘と謎のベールに包まれていたイラン空軍のF-14、またの名をペルシャ猫とも呼ばれていたトムキャットの詳細がわかる本も発売されていることだし、ここはひとつ、三色迷彩のペルシャ猫にチャレンジしてみよう！

F-14A トムキャット
イラン空軍所属機 ［3-6079］ 1980年 TFB8基地

タミヤ1/48 傑作機シリーズ No.114
1/48 グラマン F-14A トムキャット
定価（本体7800円+税）

製作・文／ちょうぎ

3-6079
Islamic Republic of Iran Air Force(IRIAF)
Tactical Fighter Base 8, 1980
Modeled and described by Chougi

F-14A トムキャット
イラン空軍所属機 ［3-6079］ 1980年 TFB8基地

F-14A Tomcat 3-6079
Islmic Republic of Iran Air Force (IRIAF)
Tactical Fighter Base 8, 1980

●サンドカラー、ブラウン、グリーンの三色
迷彩はIRIAFのF-14A標準塗装で「アジアマ
イナー」と呼ばれる。作例ではGSIクレオス
Mr.カラーで調色し塗り分けた

3-6079
Islamic Republic of Iran Air Force(IRIAF)
Tactical Fighter Base 8, 1980
Modeled and described by Chougi

●資料や塗装図をもとにイラン空軍らしい迷彩を描き込んだあと、艦載機とは違う、中東の内陸で使い続けられた様子を三色迷彩それぞれの退色表現、オイル汚れ等をチッピングによって再現した。チッピングは銀色のほかに迷彩色を明るくしたものでパネルのフチに施した

●シート類はていねいに塗り分け、デカールを貼ったあとにドライブラシをして質感を高めた。パイロットもていねいに塗り分けるだけで雰囲気よく仕上がる

●脚収納庫内部は比較的あっさりしたディテールなので、資料写真をもとにほそい鉛線を何本もそれらしく這わせてディテールアップしている。3本の脚柱の内側シリンダー（ピストン）部分はハセガワのメタルフィニッシュを貼って仕上げた。

●可変翼の可動部周辺は資料をみると、擦れと禿げで非常に汚れている。マスキングし、円を描くように汚れを描いてやる

●機首のアンチグレア塗装部は、デカールが用意されているが、それを参考にマスキングし塗装で仕上げた。キャノピー正面のクリアーグリーン部にはハセガワのクリアーグリーンフィニッシュを切り出して貼っている。●イラン空軍機の特徴だが、給油プローブのカバーが前もって外されている。作例ではカバーを接着せず、プローブが展開した状態を再現した

●武装はスパローとサイドワインダー、そしてフェニックスを4本搭載した

3-6079
Islamic Republic of Iran Air Force(IRIAF)
Tactical Fighter Base 8, 1980
Modeled and described by Chougi

◆歴戦の
ペルシャ猫

タミヤの1/48 F-14A トムキャットを、キット付属のデカールを使用してイラン空軍所属機、いわゆる"ペルシャ猫"として製作しています。

◆組み立て

まずはコクピットからです。コンソールのメーター・スイッチ類は繊細なモールドで再現されていますが、今回はエデュアルド製のカラーエッチングパーツ（ホビーボス1/48キット用）をトリミングして使用しました。イジェクションシートはGRU-7Aが完璧に再現されています。資料写真などを参考にていねいに塗り分け、グレーで軽くドライブラシすると引き立ちます。

組み上げたコクピットは左右分割の機首パーツに組み込みます。レドームまで一体パーツなのは少し驚きますが、パーツ同士の合いがぴったりで段差も出ないので合わせ目処理でモールドが消えてしまう心配もありません。また、機首と胴体は接着剤で接着しなくても、組み付けるだけである程度の保持力があり、接合部も隙間無くピタリと合います。接着しないほうが塗装時の取り回しも楽なので今回は接着せず、取り外しを可能としました。

胴体部は大きく上下分割されたパーツにインテークとエンジンノズルを組み合わせます。インテーク内部は胴体パーツに組み付ける前に塗装します。また奥に配置するコンプレッサーファンはジュラルミン等の金属色で塗り分けます。

主翼は上下貼り合わせで裏側のフラップ部分に合わせ目ができますのでパテを使って整形します。ビーバーテイルはAFC301改修型の再現のために両側面をカットするように指示があります。注意して作業しましょう。カットしたあとは開口してしまいますので、気になる方はパテを詰めて整形しましょう。

◆塗装について

サーフェイサーは吹かず、まずは機体のパネルラインに沿ってGSIクレオスのMr.カラー ジャーマングレーを細吹きします。次に下面はMr.カラーのグレーFS36622と白を2:1で調色したものでパネルラインを少し残すように塗りつぶしていくことで、パネルラインにシェードを残していきます。

上面の3色迷彩はサンドカラーはサンディブラウン+白、ブラウンはレッドブラウン+サンディブラウンを少々、グリーンはフィールドグリーンを用いました（すべてGSIクレオスのMr.カラー）。迷彩パターンは比較的単純なのでマスキングは用いず、キットの塗装図を拡大コピーしたもの（約2.46倍）を切り抜いて型紙にし、鉛筆であたりを取ってからフリーハンドでエアブラシを細吹きします。

トムキャットには美しい仕上げだけでなく、退色表現も似合います。イラン空軍の機体も実機写真を見ると非常に使い込まれた風合いがすばらしく、今回はそれを再現してみることにしました。AFVモ

デルぐらい汚してもいいかもしれませんね。

まず退色を意識して迷彩に使った基本の3色に白を加えたもので機体のエッジや機体パネルの内側の四隅をグラデーション塗装していきます。その後デカールを貼ったら、GSIクレオスのMr.ウェザリングカラーのマルチブラック+グランドブラウンで上面を、下面はマルチブラック+マルチグレーでスミ入れを兼ねたウォッシングを行ないます。これを拭き取るのですが専用の薄め液をガイアノーツ製のフィニッシュマスターにつけて拭き取ります。その際に飛行時の気流の流れを意識して汚れを残します。またパネルの継ぎ目にチッピングやオイルの吹き出しを描きこんで使い込まれた感じを出してやりました。

◆武装について

キットにはミサイル類が同梱されているのはうれしい配慮。詳細なデカールが用意されており、貼るのに骨が折れます。今回は使い込んだ機体の塗装とは対照的にデカールを貼った上にクリアーを吹いてグロス仕上げにしてみました。

3-6079
Islamic Republic of Iran Air Force(IRIAF)
Tactical Fighter Base 8, 1980
Modeled and described by Chougi

ペルシャ猫、製作のポイントを見る

製作・解説／ちょうぎ
Modeled and described by Chougi

脚庫内にパイピングで精密感UP

◀前脚庫内に0.3mm糸ハンダを使ってケーブル類を追加工作。正確に余さず再現するというよりも見た目の雰囲気を優先しても精密感は高まる

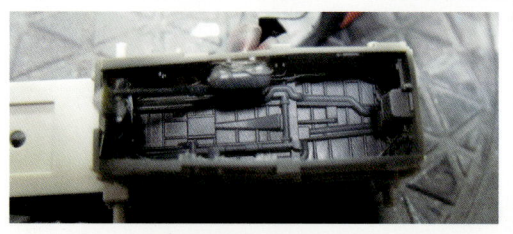 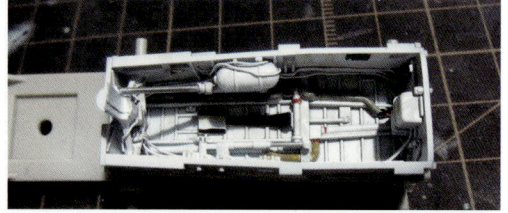

▶脚庫の塗装はホワイトで行なうが、ディテールを浮き上がらせるのと、塗り残しを防止する目的で、まず下地にジャーマングレーを吹くといい

エッチングパーツを利用してコクピットにアクセント

◀コクピット・コンソールは繊細な彫刻で雰囲気はバッチリだが、メーター等の再現には限界があったのでエデュアルドのエッチングパーツ（ホビーボス用）を利用して交換。エッチングの方が一回り大きく金ヤスリ等でトリミングする必要があった。もし使うならタミヤ用を利用しよう

シートのモールドは完璧、ていねいな塗装で実感増し増し

◀イジェクション・シートもたいへん細かく再現されてるので、実機の資料（DACOシリーズ　スーパーディテールフォトブックの『グラマンF-14 A/B/D トムキャット』が最適）を参考にていねいに塗り分け、グレーなどで軽くドライブラシしてやるとモールドが浮かび上がる。フィギュアを乗せない場合、シートベルトは付属のデカールを使ってもいいが、精密度のバランスを考えるとエッチングパーツやファインモールドのナノ・アヴィを用いたい

エアスクープ開口でさらに実感UP

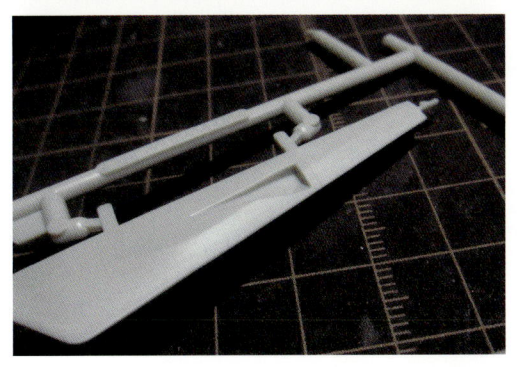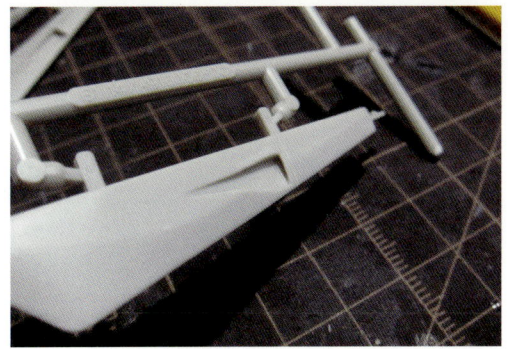

◀胴体下部に着くベントラルフィンに設けられたNACAダクトは成型の関係で開口していないため、タガネ等で彫り込んで奥行きを出すといい（ただし貫通注意！）

ほとんどパテは不要だが、ここは忘れずに埋めて整形しよう

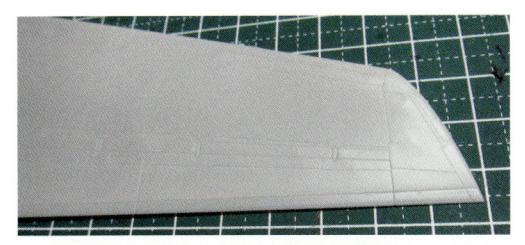

◀ほとんどパテ類を必要としないキットだが、主翼の下面に合わせ目が出るのでパテ埋めして整形する

金属部は塗装やフィニッシュシートで質感を演出せよ

◀アフターバーナーのノズルパーツ（写真左）は一体成型で合わせ目消しに悩むこともない。内部はつや消し白に塗装するが、エアブラシするときはエア圧を下げておかないと、塗料が吹き戻して塗れないところが出来てしまうので注意。燃焼による煤汚れはウェザリングマスターBセットのススを擦り付けている
▶ノズルの可変ベーンなどは各種の金属色を用いて下塗りしておく

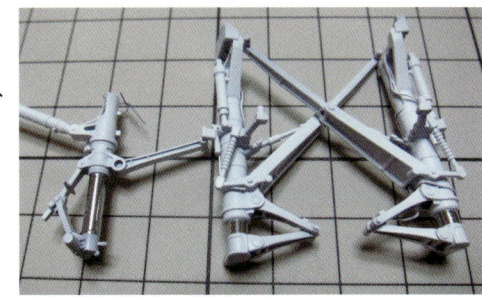

◀吸気ファンはクレオスのスーパーメタリックチタンで塗装後、ウェザリングマスターFセットのチタン、ライトガンメタルで変化をつけた。TF-30エンジンの場合、中央部のコーンは白が正しいようだ
▶着陸脚は適度なパーツ数で細部まで再現されている。ブレーキパイプ等を追加するとより雰囲気が増す。伸縮部にはハセガワ ミラーフィニッシュを貼っている

燃料投棄パイプは穴をさらって精密感向上

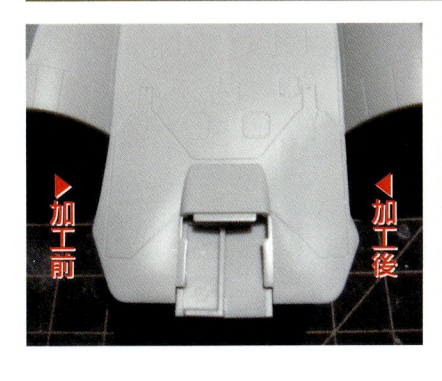

加工前　加工後

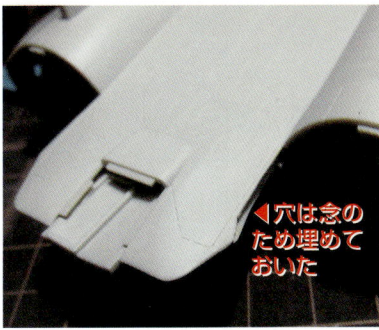

◀穴は念のため埋めておいた

◀機体後部のビーバーテイルは左右縁をカットする指示がある（写真の右側がカット済み）がカット部分には穴が開いてしまう。エンジンノズルを付けるとほとんど目立たないが一応エポパテで充填して整形した

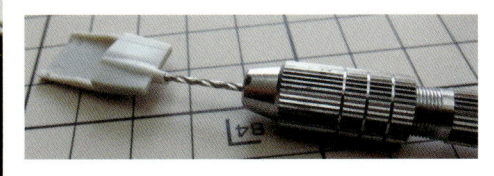

▲ビーバーテイル後端の燃料投棄パイプは1.2mm径のドリルで軽くさらっておくと精密感が増す

主脚庫内にもパイピングで見せ場を追加

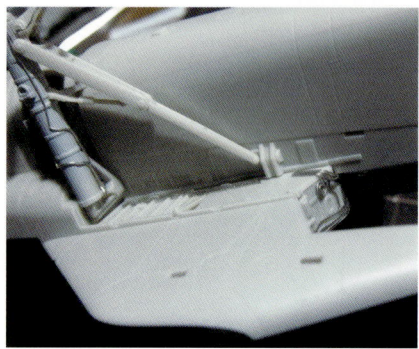

▲主脚庫内も資料を参考にディテールを追加した。脚庫パーツに切り欠きがあり抜けている部分にはそれっぽくプラ板で裏打ちし、また糸ハンダによるパイピングを加える。主脚柱との嵌合は完璧で、接着しなくても機体を保持できるくらいの強度がある

プローブは挽物で強化

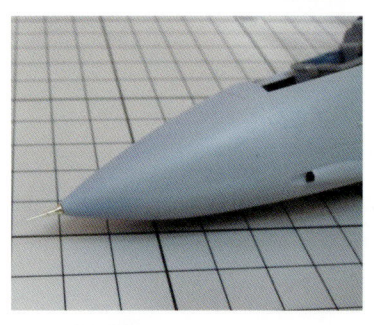

▲完成後の破損防止とディテールアップを兼ねて、機首先端のアルファ・プローブはファインモールドから発売されている真鍮挽物のパーツに交換している

キャノピーにワンポイント

▼キャノピーの内側には落雷から乗員を保護する避雷帯のモールドがある。実機ではアルミ製らしいが写真では黒い線に見えるのでハセガワのフィニッシュシート（ブラック）を極細に切り出して貼っている

組み立てが完了したら塗装の準備、マスキングを開始する

▲▼組み立てが完了したら、仕上げ忘れなどがないかチェック。繊細な筋彫りを潰さないよう全体へのサフ吹きは行なわないこととした

▶コクピットの組み立て時に何も考えず、前後席の正面コンソールやシートを接着してしまった。このためにコクピットのマスキングにはいささか手間がかかってしまったので注意しよう。これらを取り付

けなければ、マスキングはほぼフラットに処理できる。テントのようになったマスキングは漏れのないように、重ね合わせ部は厳重にゾルで塞ぐことになった

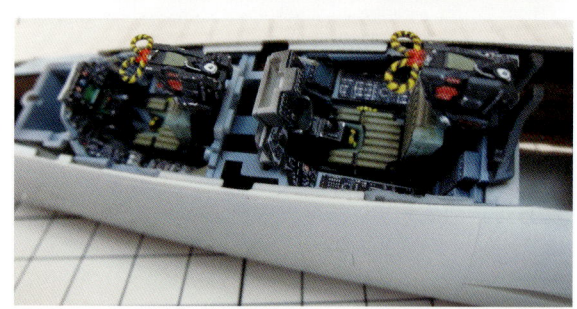
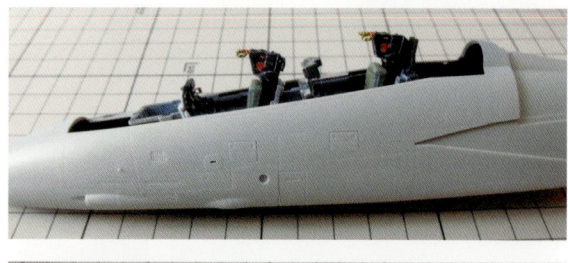

キャノピーのマスキング

▲キャノピー・フレームの塗装用としてマスキング・シールが付属している。ナイフ等で自分で切り出す必要があるため、初心者にはむしろ難易度が高いかも知れない。隅のアール部に丸に切り抜いた、あるいはポンチ等で打ち抜く、または市販の　丸抜きされたマスキングテープを貼っておき、それをつなぐ緩いカーブ部分のみ付属のシールを切り抜いて用いる方が、簡単に作業できる。テープの重なる部分はマスキングゾルで塞ぐこと

塗装を始めよう

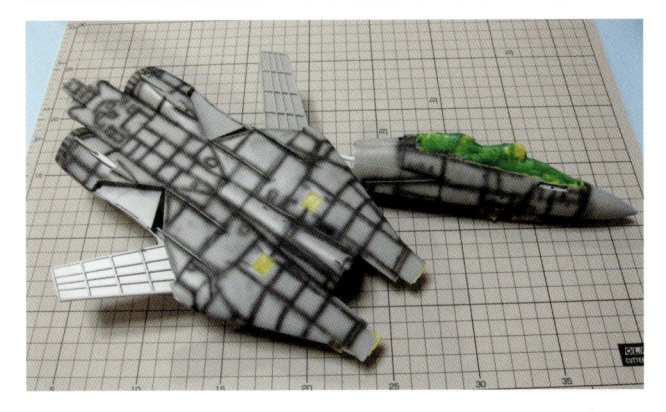

▲先述したようにサフ吹きは省くので、まずパネルラインと機体の凹部にジャーマングレーの細吹きしてシェイドを入れる

▲▼機体下面色はGSIクレオスのMr.カラー 311 グレーFS36622と01 ホワイトを2:1で混色したものを作り、エアブラシを細吹きしてパネルをひとつずつ塗りつぶすような感じで塗装

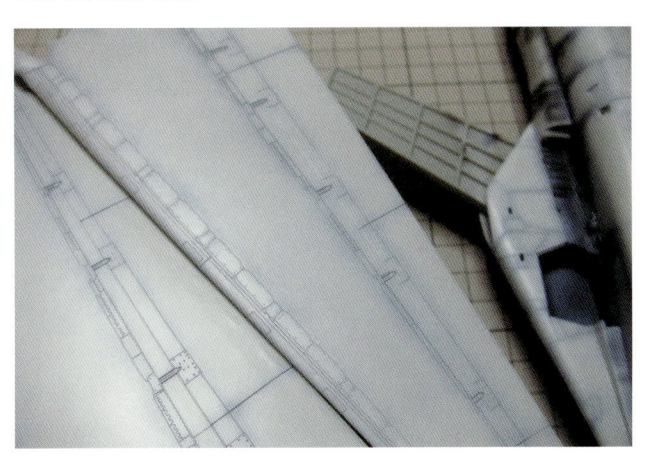

▲機体上面の迷彩色はベース色FS30400としてMr.カラー 19番 サンディブラウン＋1番 ホワイト、ブラウンFS30140として121番 レッドブラウンに少量のサンディブラウン、グリーンFS34079は340番 フィールドグリーンを使用した。迷彩パターンは複雑で細かいものではないので、マスキングはせず、フリーハンドでエアブラシの細吹きで行なっている。組み立て説明図の塗装図を拡大コピー（約2.46倍）したものを切り抜き、これをテンプレートにして鉛筆で迷彩パターンの輪郭をあたり、その中を塗り潰すように塗装する。ぼけ足がスケール感を損なわないように注意しながらアタリ線の内側に向け吹き付ける。この際にも、意識してパネルラインのシェイド色は残すようにする

まとめて4色を揃えるならこのセットがいいぞ

■イラン空軍トムキャットカラーセット
（発売中 各15ml 税別1600円）

イラン空軍が運用した迷彩トムキャットが再現できる専用カラーセット。イラン王国の時代から空軍で使われていた迷彩用のイエロー、ブラウン、グリーン、機体下面用グレーの4色セット

機首の上下塗色境界はコピー・マスキングを利用する

▼機首部分は上面色と下面色との境界が少し複雑だったのでマスキングをしている。塗装図の拡大コピーを切り抜いたものをマスキングシートとして利用、機体に直接貼り付ける。このときに、よじった両面テープで作った"紙縒り"（もしくは練り消しゴムでもいい）を、マスクの少し内側に貼って、マスクを浮かすように固定、色の境界がボケるように塗装する

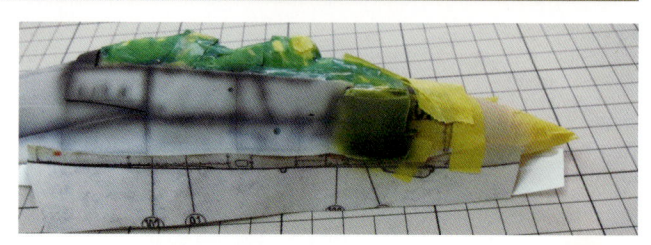

▲塗装図コピーの塗り分け境界に沿ってカット、これをそのままマスクとする。マスクは境界を浮かすように貼っておく

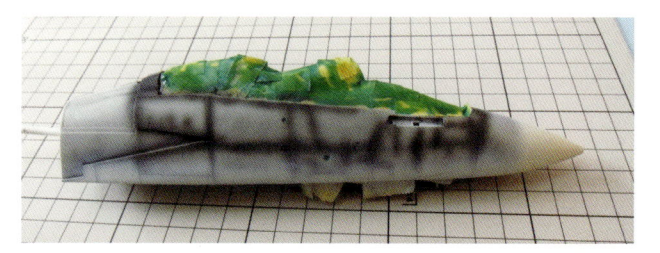

▲すでに下面色は塗っているがオーバーラップ部分に不足がないか確認、足りなければ再度吹き足しておく

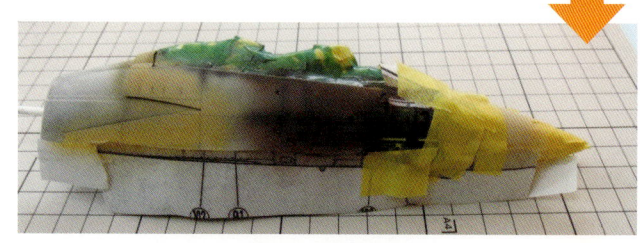

▲ベース色となるイエローから順次、迷彩塗装を重ねていく。フリーハンドで塗り分けが不安な部分はその都度、マスクする

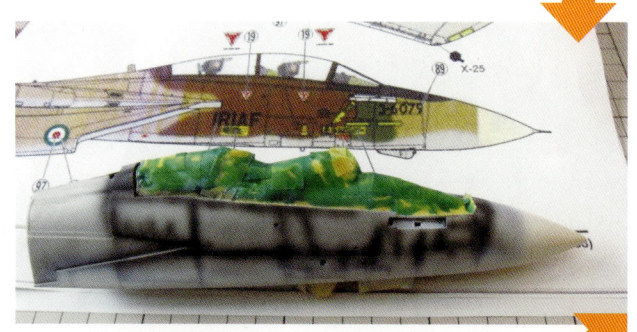

▲キットの塗装図を拡大カラーコピー（約2.46倍）してこれをマスキングシートがわりに使用する

▲ベース色を追加のマスキングシート（写真左）で覆った状態。マスクを浮かし貼りして色境界がボケるようにする

基本塗装完了状態

コーションなどのデカールを貼ってから……

退色表現の塗装を追加していく

◀迷彩色部分には退色表現を行っていく。使用する塗料は、原則として基本塗色に白を加えたものをパネル単位で、パネルラインの内側、あるいはエッジ部や翼端などにグラデーション塗装する。ブラウンは単に白を混ぜるだけでは色味そのものが変わり違和感が出るので、43番 ウッドブラウンを用いている。いずれも、貼ってあるデカールを塗りつぶしてしまわないように注意し、薄めた塗料で少しずつ塗り重ねる

退色させたらスミを入れる

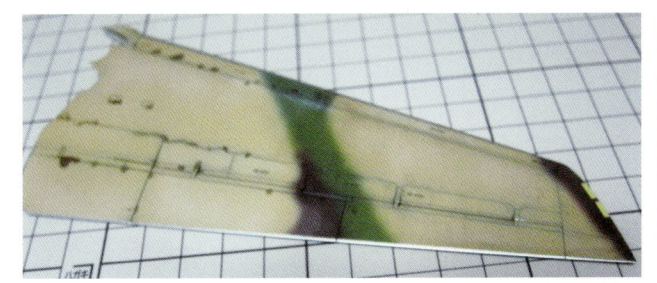

▲退色表現まで終わったら、モールドへのスミ入れも兼ねて
Mr.ウェザリングカラーのグランドブラウンとマルチブラック
を1:1で混ぜたもの（下面にはマルチグレーとマルチブラック
の混色）を、パネルラインと凹部に置くように流し込む。専用
うすめ液を含ませたガイアノーツのフィニッシュマスターで余
分な塗料を拭き取っていくが、このときに気流の流れを意識し
て、拭き残しの筋が走る方向を一定に保つようにする

さらにチッピングを加える

▲スミ入れが済んだら塗料の乾燥を待ってから、いったんクリアで全体をオーバーコートする。このあと各パネルの境界線や各エッジ部に、
先ほど退色表現に用いた色で塗料の剥がれを意識してチッピングを行なった

機首周辺は少し違った表現も加える

▼最後に駄目押しで、油彩を用いてドッティングを行なった。やり過
ぎると航空機には違和感があるので、大部分は拭き取ることになるが、
ところどころに入れると効果的だ

▲機首周りに関しては、埃汚れや塗装のリタッチ跡などのニュアンスを表現す
る準備として、マスキングゾルでマーキング周辺を覆う。そのあとスモークグ
レーを薄くオーバースプレーしたあとマスクを剥がすと、機首周辺の塗装のトー
ンに簡単に変化をつけることが可能だ

仕上げに向けての塗装を行う

アンチグレアは塗装で

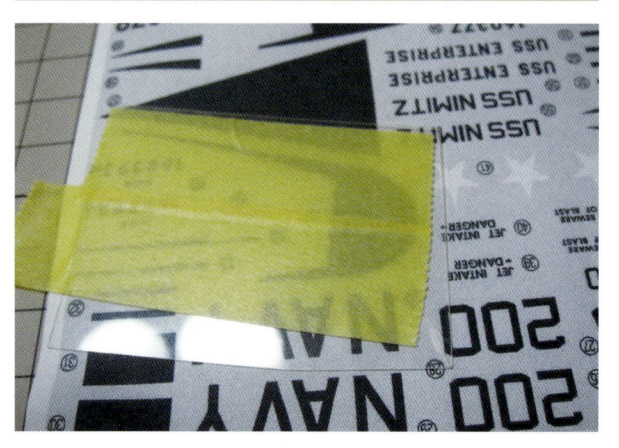

▲▼機首のアンチグレア部分は付属のデカールは使用せず、塗装で再現した。キットのデカールをコピーし、その上に透明プラ板を挟んでアウトラインをマスキングテープに写し取り、塗装用のマスクを作る。これを用いてつや消しの黒を塗った

タイヤの塗装

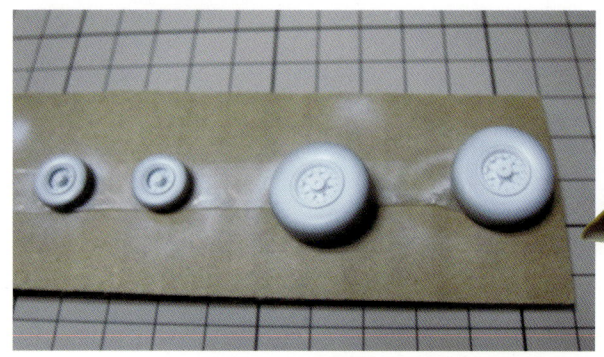

▲▼タイヤはホイールに白を塗った後、コンパスカッターで切り抜いたマスキングテープでマスク、タイヤブラックで塗装した。このあとウェザリングマスターEセットのグレーを擦り付けてから指でボカし、退色したゴムタイヤ表現としている

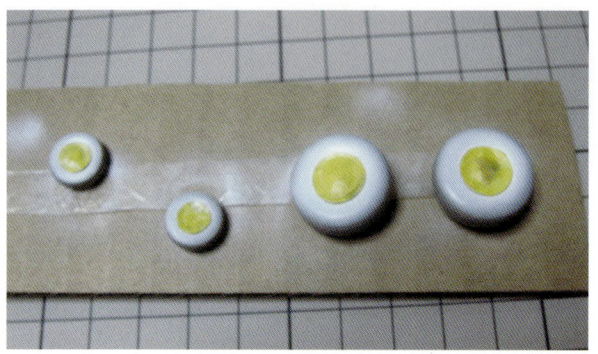

武装とフィギュア

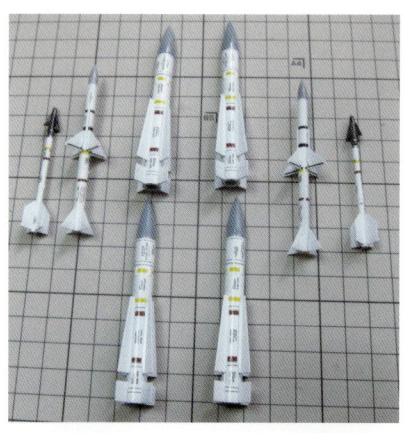

◀ミサイルはフェニックス×4、スパロー×2、サイドワインダー×2とした。武装類のデカールは細かく再現されたものが用意されているので、時間をかけてがんばって貼る。またサイドワインダーの銀のリング部は塗装するよりもハセガワのジュラルミン フィニッシュシートを細切りして巻きつけた方が早くきれいに仕上がる
▼出来のよいパイロットは資料を参考にイラン空軍パイロット風に塗り分けた

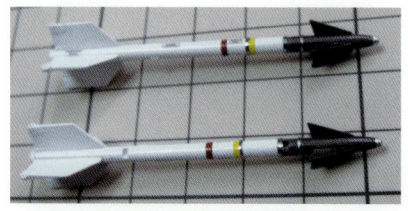

F-14A トムキャット
イラン空軍所属機［3-6079］1980年 TFB8基地
製作・文／ちょうぎ

3-6079
Islamic Republic of Iran Air Force(IRIAF)
Tactical Fighter Base 8, 1980
Modeled and described by Chougi

　イラン空軍のトムキャットは、イスラム革命を受けてアメリカからの追加部品や弾薬などの供給が断たれていたというイワク付きの機体。その詳細は不明だが、革命直後のイラン・イラク戦争で実戦参加したといわれたものの、整備もままならず実働していなかったのだろうというのがこれまでの定説だった。ところが元パイロットたちへのインタビューを基に調査された結果、イラン空軍がF-14の機体そのものやフェニックスミサイルを使いこなしていたということが判明した。ミステリアスな存在に光があたった結果を立体にしてみるのも模型の楽しみのひとつ。「アジア・マイナー」と呼ばれる中東向け機体の迷彩も印象の異なるF-14をコレクションするには格好のアイテム。さあ、君も、作るがいい！……と思うぞ。

TAMIYA1/48
F-14A
TOMCAT
Modeling
Laboratoly

タミヤ 1/48
F-14A トムキャット
モデリングラボラトリー

■スタッフ

編集　Editor
モデルグラフィックス編集部 Model Graphix

撮影　Photographer
株式会社インタニヤ ENTANIA

レイアウト　Design and Layout
横川隆（九六式艦上デザイン）Takashi YOKOKAWA

模型製作・解説　Modelings and Deskriptions
ヤタガラス YATAGARASU
久保憲之（模型工房A-Z）Noriyuki KUBO
ちょうぎ Chougi

協力
株式会社タミヤ

タミヤ1/48
F-14A トムキャット
モデリングラボラトリー

モデルグラフィックス編

発行日　2019年11月28日　初版第1刷

発行人　小川光二
発行所　株式会社 大日本絵画
〒101-0054　東京都千代田区神田錦町1丁目7番地
電話／ 03-3294-7861　（代表）
http://www.kaiga.co.jp

編集人　市村弘
企画／編集　株式会社 アートボックス
〒101-0054　東京都千代田区神田錦町1丁目7番地
電話／ 03-6820-7000　（代表）
http://www.modelkasten.com/

印刷　大日本印刷株式会社
製本　株式会社ブロケード

内容に関するお問い合わせ先：03（6820）7000　（株）アートボックス
販売に関するお問い合わせ先：03（3294）7861　（株）大日本絵画

Publisher / Dainippon Kaiga Co., Ltd.
Kanda Nishiki-cho 1-7, Chiyoda-ku, 101-0054 Tokyo
Phone 03-3294-7861
Dainippon Kaiga URL; http://www.kaiga.co.jp